200

sopas y caldos

D0205446

200

sopas y caldos

BLUME

Sara Lewis

BLUME

Título original:
200 super soups

Traducción:
Daniel Zamora Mola

Revisión técnica de la edición en lengua española:
Ana María Pérez Martínez
Especialista en temas culinarios

Coordinación de la edición en lengua española:
Cristina Rodríguez Fischer

Primera edición en lengua española 2011

© 2011 Naturart, S. A. Editado por BLUME
Av. Mare de Déu de Lorda, 20
08034 Barcelona
Tel. 93 205 40 00 Fax 93 205 14 41
e-mail: info@blume.net
© 2009 Octopus Publishing Group, Londres

I.S.B.N.: 978-84-8076-956-3
Depósito legal: B-6.410-2011
Impreso en Tallers Gràfics Soler, S. A.,
Esplugues de Llobregat (Barcelona)

WWW.BLUME.NET

En las recetas que se presentan en este libro se utilizan medidas
de cuchara estándar. Una cucharada equivale a 15 ml;
una cucharadita de café equivale a 5 ml.

El horno debería precalentarse a la temperatura requerida;
siga siempre las instrucciones que marca su horno.

Deben utilizarse hierbas frescas, a menos que se indique lo contrario.

Deben utilizarse huevos de tamaño mediano, a menos que se especifique
lo contrario.

Las autoridades sanitarias aconsejan no consumir huevos crudos. Este libro
incluye algunas recetas en las que se utilizan huevos crudos o poco cocinados.
Resulta recomendable y prudente que las personas vulnerables, tales como
mujeres embarazadas, madres en período de lactancia, minusválidos, ancianos,
bebés y niños en edad preescolar, eviten el consumo de los platos preparados
con huevos crudos o poco cocinados. Una vez preparados, estos platos
deben mantenerse refrigerados y consumirse rápidamente.

Este libro incluye recetas preparadas con frutos secos y derivados de
los mismos. Es aconsejable que las personas que son propensas a sufrir
reacciones alérgicas por el consumo de los frutos secos y sus derivados,
o bien las personas más vulnerables (como las que se indican en el párrafo
anterior), eviten los platos preparados con estos productos. Compruebe
también las etiquetas de los productos que adquiera para preparar los alimentos.

Este libro se ha impreso sobre papel manufacturado con materia prima procedente
de bosques sostenibles. En la producción de nuestros libros procuramos, con
el máximo empeño, cumplir con los requisitos medioambientales que promueven
la conservación y el uso sostenible de los bosques, en especial de los bosques
primarios. Asimismo, en nuestra preocupación por el planeta, intentamos emplear
al máximo materiales reciclados, y solicitamos a nuestros proveedores que usen
materiales de manufactura cuya fabricación esté libre de cloro elemental (ECF)
o de metales pesados, entre otros.

contenido

introducción

introducción

A medida que pasa el tiempo, cada vez somos más conscientes de los beneficios de comer alimentos frescos y sanos, así como de las consecuencias económicas y mediambientales relacionadas con nuestra costumbre de desperdiciar la comida. No hay nada mejor que retroceder en el tiempo y hacer las sopas de la misma forma que nuestras madres y abuelas. Una sopa casera no sólo tiene gran sabor, sino que está elaborada con gran variedad de ingredientes y su preparación puede ser sorprendentemente fácil y rápida. Una vez que todo está en la olla se deja a fuego lento y, mientras, puede hacer otra cosa; sólo se requieren unos 10 minutos.

En las siguientes páginas encontrará sopas para todos los gustos, ocasiones y estaciones del año, desde sopas rápidas para finalizar un día ajetreado de trabajo, a otras cocinadas a fuego lento, ideales para un frío invierno y perfectas para una comida de sábado. Hay sopas elegantes con una decoración delicada para impresionar al invitado durante una cena, y sopas refrescantes para los días más calurosos del verano. El abanico de recetas e ingredientes es muy amplio y a veces sorprendente: las hay tradicionales como la de carne y la de verduras, pero también orientales calientes y amargas; además hay sopas de verduras, con trozos de pescado, la clásica sopa francesa de cebolla y recetas de cocina de todo el mundo, como la reconfortante sopa de pollo de *lockshen*, la *mulligatawny*, de inspiración india, y la de colores vibrantes como el *borsch* ruso.

Las sopas son perfectas; son sanas cuando contienen verduras, y normalmente suelen ser bajas en grasa. En un día frío, tómese un buen plato de sopa y sienta el calor desde su interior, lo que le asegurará un gran bienestar.

tipos de sopas

Caldos Son realmente una comida completa en un solo plato. Se pueden espesar con arroz, patatas o legumbres y añadir verduras picadas o ralladas. Pueden resultar mucho más sustanciosas con la adición de pequeñas albóndigas de masa o pasta cuando está a punto de finalizar la cocción.

Sopas originarias de América (*chowders*) que se elaboran friendo las cebollas, o cocinando las patatas cortadas en dados y cocidas a fuego lento con pescado blanco o ahumado y marisco, y coronando el plato con un poco de leche y crema de leche.

Puré Es probablemente el más popular. Estas sopas se pueden hacer a fuego lento con gran variedad de ingredientes. Póngalas en una batidora o robot de cocina al final de la cocción para obtener una textura suave y sedosa.

Bisques Estas sustanciosas sopas están elaboradas a base de pescado y se trituran al final de la cocción, para acabar mezclándolas

con crema de leche o una preparación de leche y crema de leche.

Veloutés Estas sopas suaves se espesan con una mezcla de yemas de huevo y crema de leche para enriquecer la sopa al final de la cocción. Para evitar que los huevos se cuajen, ponga un cucharón de sopa caliente con los huevos y la crema antes de añadirlos a la cacerola. Es fundamental que estas sopas se calienten suavemente, sin dejar de remover, de modo que vayan espesando los huevos, pero sin llegar a cuajarse.

Potajes Con este término se designan las sopas que se vierten sobre pan o cortezas de pan. También pueden contener arroz o pasta.

Consomés Sopas muy claras que ya no están de moda. Se elaboran con caldo concentrado de ternera que se filtra con cáscaras y claras de huevos para eliminar las impurezas.

caldo casero

Las mejores sopas son las que se preparan en casa. Tradicionalmente se hacían con los huesos de la carne y se añadían pocos vegetales y hierbas. En nuestros días tiene mucho sentido aprovechar las carcasas del pollo para conseguir un buen almuerzo o cena. No tire los restos de las verduras que están en la nevera; aproveche la zanahoria, los tallos de apio, el perejil o el cilantro para hacer un caldo. Añada laurel, puerro o cebollas tiernas y una pizca de pimienta para darle más sabor. Cuantos más ingredientes se agreguen mejor quedará.

El secreto está en añadir todos los ingredientes y luego llevarlos a la ebullición, bajar el fuego y cocinar con la cacerola medio tapada durante 2 horas o más, si dispone de tiempo. Hay que cocer a fuego lento; de lo contrario, aparecerá una capa gruesa de aspecto turbio.

Al final de la cocción, pruebe el caldo. Si parece demasiado líquido, cocínelo a fuego lento durante 1 o 2 horas para reducir el líquido y que los sabores se concentren. Cuélelo y déjelo enfriar. Retire la capa de grasa de la superficie y refrigere hasta 3 días.

También puede congelar el caldo en un recipiente para pan forrado con una bolsa de plástico grande. Selle y congele hasta 3 meses. Descongele a temperatura ambiente o en el microondas, si lo prefiere.

caldo de pollo

tiempo de preparación **10 minutos**
tiempo de cocción **2 horas-
2 horas 30 minutos**
para más o menos **1 litro**

1 **carcasa de pollo**
1 **cebolla** cortada en cuatro trozos

2 **zanahorias** cortadas en rodajas gruesas
2 **tallos de apio** cortados en rodajas gruesas
1 **hoja de laurel** o un pequeño **manojo de hierbas**
¼ de cucharadita de **sal**
½ cucharadita de **pimienta negra molida**
2,5 l de **agua fría**

Ponga la carcasa de pollo y las hortalizas en una cacerola grande. Añada las hierbas, la sal y la pimienta.
Vierta el agua y caliente a fuego lento y lleve a ebullición. Retire la grasa con una espumadera. Deje cocer lentamente con la cacerola medio tapada de 2 horas a 2 horas 30 minutos, hasta que se reduzca a la mitad.
Cuele el caldo con la ayuda de un colador. Retire los restos de pollo de los huesos, resérvelos para la sopa y deseche las verduras. Deje enfriar durante varias horas o toda la noche.
Elimine con una cuchara la fina capa de grasa de la superficie del caldo ya frío y gelatinoso. Deje enfriar; se puede conservar en la nevera hasta 3 días.

De la misma manera, puede hacer caldo con los huesos de un pato, un faisán, una pintada o con un hueso de jamón. Si tiene huesos de pavo, elabore el caldo con el doble de agua y de verduras.

Si tiene huesos de pollo y no dispone de tiempo para hacer el caldo, puede congelarlos hasta 3 meses envueltos en film transparente y empaquetados en una bolsa de plástico. Descongele a temperatura ambiente y luego siga con las indicaciones anteriores para hacer el caldo.

caldo de ternera

tiempo de preparación **10 minutos**

tiempo de cocción **4 horas 20 minutos-
5 horas 20 minutos**

para más o menos **1 litro**

2 kg de **huesos de ternera**, como costillar
o morcillo

2 **lonchas de beicon ahumado,**
en dados

2 **cebollas**, en cuatros trozos, conservando
la última capa marrón

2 **zanahorias**, en láminas gruesas

2 **tallos de apio**, cortados en trozos
gruesos

1 **nabo**, en dados (opcional)

2 **hojas de laurel, ramitas de romero**
   o **de salvia**
¼ de cucharadita de **sal**
½ cucharadita de granos de **pimienta negra**
   ligeramente machacados
3,6 l de **agua fría**

Ponga los huesos y el beicon en una cacerola grande y caliente a fuego lento durante 10 minutos, hasta que el tuétano comience a salir del interior de los huesos. Deles la vuelta de vez en cuando.
Añada las verduras y fría durante 10 minutos más, removiéndolo todo, hasta que los huesos estén dorados.
Incorpore las hierbas, sal y pimienta, vierta el agua y llévela lentamente a ebullición. Quite la espuma con una espumadera, baje el fuego, tape parcialmente la cacerola y deje cocer a fuego lento de 4 a 5 horas, hasta que el líquido se reduzca a la mitad.
Cuele el caldo. Déjelo enfriar e introdúzcalo en la nevera toda la noche. Retire la grasa con una espumadera y consérvelo en la nevera hasta 3 días.

Si no tiene costumbre de asar trozos grandes de ternera con hueso, puede conseguir los huesos en cualquier carnicería, donde quizás incluso se los regalen. Para preparar el caldo, use huesos crudos. También se puede elaborar con huesos de cordero, cocidos o crudos.

caldo de pescado
tiempo de preparación **10 minutos**
tiempo de cocción **45 minutos**
para más o menos **1 litro**

1 kg de **pescado**, como cabezas, espinas, colas,
   y cáscaras de gambas
1 **cebolla**, cortada en cuatro trozos
2 **puerros**, cortados en rodajas
2 **zanahorias**, cortadas en rodajas gruesas
ramitas de tomillo
1 **hoja de laurel**

perejil

½ cucharadita de **pimienta blanca
en grano, ligeramente machacada**

¼ de cucharadita de **sal**

1,5 l de **agua fría**

300 ml de **vino blanco seco** o **más agua**

Ponga el pescado en un colador y lávelo
en agua fría; escúrralo e introdúzcalo en una
cacerola grande con los demás ingredientes.
Lleve a ebullición a fuego lento. Retire la
espuma con la espumadera. Tape y cocine
a fuego lento durante 30 minutos.
Cuele el caldo, viértalo de nuevo a la cacerola
y caliéntelo sin tapar durante 15 minutos,
hasta que se reduzca a la mitad. Una vez frío,
se puede conservar hasta 3 días en la nevera.

Si añade cabezas de pescado, no lo cocine
durante más de 30 minutos antes de
colarlo; de lo contrario, le quedará un sabor
amargo.

caldo de verduras

tiempo de preparación **10 minutos**

tiempo de cocción **1 hora 5 minutos**

para más o menos **1 litro**

1 cucharada de **aceite de oliva**

2 **cebollas**, ligeramente troceadas

2 **puerros**, ligeramente troceados

4 **zanahorias**, troceadas

2 **tallos de apio**, ligeramente troceado

100 g de **champiñones** laminados

4 **tomates**, ligeramente troceados

1 pequeño **manojo de hierbas**

½ cucharadita de **pimienta negra en grano,
ligeramente machacada**

¼ de cucharadita de **sal**

1,8 l de **agua fría**

Caliente el aceite en una cacerola grande,
añada las verduras y fríalas durante 5 minutos,
hasta que se doren los bordes.
Añada los tomates, las hierbas, la pimienta
y la sal. Vierta el agua y, cuando hierva, baje
el fuego y cueza durante 1 hora con la cacerola
parcialmente tapada.
Cuele el caldo. Déjelo enfriar y consérvelo
en la nevera hasta 3 días.

Si dispone de vino blanco seco o sidra, puede
añadir unos 150 ml en lugar de la misma
cantidad de agua.

Puede mezclar o combinar las hortalizas
en función de lo que tenga a mano. El hinojo
picado y el apio pelado y cortado en dados
aromatizan el caldo. Asimismo, son ideales la
mitad de un pimiento rojo o naranja y unas setas
secas.

pastillas de caldo y caldos preparados

Nuestras abuelas nunca se hubieran
imaginado hacer una sopa con una pastilla
de caldo. Hoy en día, vivimos haciendo
malabares con el trabajo y con la vida familiar.
Por tanto, cualquier ahorro de tiempo es
esencial.

Muy poca gente dedica tiempo a preparar
caldo para su consumo y, aunque resulta
cómodo tener caldo en el congelador, al final,

la mayoría de la gente prefiere comprar caldos preparados.

No hay nada malo en utilizar pastillas de caldo, pero un buen caldo casero es crucial para ciertas sopas, como la ligera y delicada sopa fría de lechuga (*véase* pág. 74), las sopas al estilo *vichyssoise* (*véase* pág. 64), los caldos a modo de consomé, como los *tortellini* italianos en *brodo* (*véase* pág. 208) o la sopa de pollo con *lockshen* (*véase* pág. 214).

Las pastillas de caldo comerciales suelen tener un sabor muy fuerte, por lo que deben adquirirse bajas en sal o rebajarse con agua.

Cada vez más, los supermercados venden caldos ya preparados para ocasiones especiales, como la *bisque* de cangrejo (*véase* pág. 132) o la sopa francesa de cebolla (*véase* pág. 226), que le aportarán un sabor muy auténtico. Son más caros, pero se acercan más al sabor casero.

no pierda el tiempo

La sopa es una comida deliciosa y reconfortante que merece la pena congelar en recipientes de plástico individuales o bolsas de plástico para cuando no tenga tiempo de cocinar.

En lugar de comer siempre bocadillos en el trabajo, llévese un paquete de sopa congelada y caliéntela en el microondas.

Si no dispone de envases, puede adaptar un molde rectangular para el pan, forrado con una bolsa de plástico, llenarlo de sopa y luego sellarllo para que no quede aire. Congélela hasta que se solidifique. Después, si es necesario, pase el molde por agua fría para separarlo de la bolsa. Recuerde también etiquetar los envases para no llevarse alguna sorpresa una vez descongelados. No existe nada más frustrante que encontrarse con un puré de frutas u otra cosa que no tenga nada que ver con lo que esperaba.

recalentar

Se recomienda recalentar los alimentos una sola vez. Si su familia tiene intención de tomarse el caldo en varias veces, vierta el contenido en una cacerola apta para microondas, dejando el resto en la nevera hasta la siguiente ocasión. No añada más líquido hasta que la sopa esté caliente, ya que, de lo contrario, podría quedarle clara. Cuando una receta requiera huevos y crema de leche, tendrá que controlar el fuego. En esos casos, la sopa debe calentarse sin llegar a hervir, ya que los huevos no deben cuajar. Remuévala con frecuencia para que se caliente de forma uniforme.

toques finales

Un copete de crema confiere un toque especial.
¿Qué puede ser más fácil que esparcir una
o dos cucharadas de crema de leche espesa
o de yogur natural sobre un plato de puré?
También puede rociar pequeñas cucharadas
de crema de leche y, con la ayuda de un palillo,
dibujar una lágrima o cualquier diseño que
pueda resultar decorativo. Añada una cucharada
de yogur griego espeso o de crema acidificada
en el centro y luego esparza finas hierbas.

Decoración de hierbas Unas hierbas frescas
picadas finas pueden ser lo único que necesite
para dar vida a una crema como una *vichyssoise*
de hinojo. Si desea obtener una decoración
crujiente de hierbas, fría un puñado de hojas
de salvia, de albahaca o de perejil durante
unos pocos segundos. Si lo que prefiere, en
cambio, es destacar el sabor de la decoración,
pruebe la *gremolata* (una mezcla de perejil
y ajo picado, con ralladura de limón), o la salsa
verde (una preparación de hierbas picadas,
anchoas, ajo y aceite de oliva). También puede
elaborar un aceite aromatizado con hierbas,
conservarlo en una botella y rociar unas
gotas sobre la crema justo en el momento
de servirla. Asimismo, puede añadir una
pequeña cucharada de pesto ya preparado
si su problema es la falta de tiempo para
elaborarlo en casa.

Rizos de cítricos Para conferir un delicado
toque al plato, se puede decorar la sopa
con corteza de limón, lima o naranja. Use
un acanalador o un pelador para obtener
la forma deseada. Pruebe con distintas
formas y tamaños. Acabará siempre
resaltando el plato y llamando la atención
de los comensales.

Un toque especiado Pruebe con un poco
de nuez moscada recién rallada, pimienta
o guindillas secas majadas para conferir
un toque acre, y con un poco de pimentón
o cúrcuma para dar color.

Mantequillas aromáticas y aceite Mezcle
un poco de mantequilla con un poco de
queso azul, anchoas y guindilla, ajo, corteza
de limón o hierbas recién picadas. Tome
la mezcla y dele forma de tronco. Una vez
que la forma le satisfaga, déjelo enfriar. Córtelo
y añada un trozo a la sopa caliente antes de
servirla. Como alternativa, puede preparar
un alioli a base de mayonesa y ajo, una *rouille*
con guindilla o emplear corteza y zumo de limón
para una explosión de sabor cítrico.

Cubitos de hielo En las sopas frías, pruebe
a añadir unos cuantos cubitos de hielo enteros
o picados para que confieran más textura.

Picatostes Fría en una mezcla de mantequilla
y aceite de girasol, o simplemente en aceite
de oliva, unos dados o rebanadas de pan
(la mitad de una rebanada por plato) hasta que
estén dorados. Escurra sobre papel de cocina
y sirva en cuencos, dejando que floten sobre
la sopa antes de tomarla. Los picatostes
también pueden aromatizarse con ajo o
especias. Para el pan francés o la chapata,
frote el pan frito con un diente de ajo o úntelo
con olivada, pesto o queso azul desmenuzado.
Si desea obtener un resultado bajo en grasa,
los picatostes se pueden hornear con un poco
de aceite de oliva hasta que queden crujientes,
y se evitará así freírlos en la sartén.

sopas
rápidas

sopa de tomate y vinagre balsámico

6 raciones
tiempo de preparación
25 minutos
tiempo de cocción **20 minutos**

750 g de **tomates en rama**
2 cucharadas de **aceite de oliva**
1 **cebolla**, en trozos
1 **patata al horno** de unos
200 g, en dados
2 **dientes de ajo** picados finos
(opcional)
750 ml de **caldo de verduras**
o **de pollo** (*véanse* págs. 10
y 13)
1 cucharada de **tomate**
concentrado
1 cucharada de **azúcar moreno**
4 cucharaditas de **vinagre**
balsámico
1 manojo de **albahaca**
sal y pimienta

Corte los tomates por la mitad, póngalos en una placa
con papel aluminio y rocíelos con un poco de aceite. Cuézalos
bajo el grill de 4 a 5 minutos, hasta que las pieles se hayan
desprendido y ennegrecido. Mientras tanto, fría la cebolla,
la patata y el ajo en el aceite restante durante 5 minutos;
remueva de vez en cuando hasta que estén tiernos y dorados.

Pele y corte los tomates y añádalos a la cebolla y la patata
con todos los fondos de cocción. Luego agregue el caldo,
el tomate concentrado, el azúcar y el vinagre. Incorpore la mitad
de la albahaca, salpimiente y lleve a ebullición. Tape y cocine
a fuego lento durante 15 minutos.

Bata la mitad de la sopa con la ayuda de una batidora hasta
que quede lisa. Viértala de nuevo a la cacerola con el resto
de la sopa y caliéntela. A continuación, salpimiente a su gusto,
sírvala en cuencos y decore con el resto de las hojas de
albahaca y el queso parmesano.

Para preparar bastones de parmesano, como
acompañamiento, desenrolle una lámina de hojaldre de
425 g previamente descongelada. Pincélela con yema
de huevo y extienda 3 cucharadas de pesto de tomate
(o albahaca), un poco de pimienta y 4 cucharadas de queso
parmesano recién rallado. Cubra con una hoja la masa
desenrollada. Pinte la parte superior con yema de huevo y
luego córtela en láminas de 1 cm; dele forma de sacacorchos
presionando los extremos para que no se desenrede,
y hornee en el horno, precalentado a 200 °C, durante unos
10 minutos, hasta que estén dorados. Sírvalos calientes.

judías negras con fideos *soba*

4 raciones

tiempo de preparación **10 minutos**

tiempo de cocción **15 minutos**

200 g de **fideos *soba* secos japoneses**

2 cucharadas de **aceite de cacahuete** o **aceite vegetal**

1 manojo de **cebollas tiernas** en rodajas

2 **dientes de ajo**, ligeramente picados

1 **guindilla roja**, sin semillas y troceada

un trozo de 4 cm de **jengibre** fresco, pelado y rallado

125 ml **salsa china de judías negras**

750 ml de **caldo de verduras**

200 g de *pak choi* rallado

2 cucharaditas de **salsa de soja**

1 cucharadita de **azúcar**

50 g de **cacahuetes crudos** sin sal y pelados

Cueza los fideos en una cacerola con agua hirviendo durante 5 minutos, o hasta que estén tiernos.

Mientras, caliente el aceite en una cacerola. Añada las cebollas tiernas y el ajo y saltee durante 1 minuto.

Agregue el pimiento rojo, el jengibre fresco, la salsa de judías negras y el caldo de verduras y llévelo a ebullición. Incorpore el *pak choi*, la salsa de soja, el azúcar y los cacahuetes y cueza a fuego lento y sin tapar durante 4 minutos.

Escurra los fideos y póngalos en cuencos. Vierta la sopa por encima de los fideos y sírvalos inmediatamente.

Para preparar sopa de carne y judías negras, reduzca la cantidad de fideos hasta 125 g y cuézalos. Mientras tanto, fría las cebollas tiernas y agregue la guindilla, el jengibre, la salsa de judías negras y el caldo. Llévelo a ebullición y añada las verduras, la salsa de soja y el azúcar. Cocínelo durante 2 minutos. Rápidamente, retire la grasa de un solomillo de 250 g cortado en filetes e incorpórelo a la sopa. Cocine durante 2 minutos más y, a continuación, sirva en los cuencos.

habas con chorizo

6 raciones
tiempo de preparación
20 minutos
tiempo de cocción **20 minutos**

2 cucharadas de **aceite de oliva**
1 **cebolla** grande, troceada
500 g de **patatas**, en dados
150 g de **chorizo**, en dados
4 **tomates**, troceados
300 g de **habas congeladas**
1,5 l de **caldo de pollo**
(*véase* pág. 10)
sal y pimienta
hojas de albahaca, para decorar

tostadas de *tapenade*
12 rebanas de **pan francés**
2 **dientes de ajo**, cortados
por la mitad
4 cucharadas de *tapenade* de
aceitunas verdes o **negras**

Caliente el aceite en una cacerola grande y añada la cebolla,
las patatas y el chorizo. Fríalo durante 5 minutos, removiendo
regularmente hasta que se ablanden.

Agregue los tomates, las habas y el caldo; sazone y lleve
a ebullición. Tape y cuézalo durante 15 minutos, hasta
que las verduras estén tiernas.

Machaque ligeramente algunas patatas con la ayuda de
un tenedor para que la sopa no quede tan ligera. Pruébela
y rectifique la condimentación, si fuera necesario.

Tueste el pan por ambos lados, frótelo con ajo y extienda
el *tapenade*. Sirva la sopa en cuencos y esparza hojas
de albahaca para decorar.

Para preparar *tapenade* casero de aceitunas verdes,
ponga en un robot de cocina 250 g de aceitunas
verdes, un pequeño manojo de albahaca, 2 dientes de
ajo, 2 cucharaditas de alcaparras escurridas, 4 cucharadas
de aceite de oliva y 1 cucharada de vinagre de vino blanco.
El *tapenade* se puede servir con *crudités* o con pasta.
Se puede conservar hasta 2 semanas en la nevera en un
pequeño frasco cubierto con un poco de aceite de oliva.

sopa de apionabo y manzana

6 raciones
tiempo de preparación
10-15 minutos
tiempo de cocción
20-25 minutos

25 g de **mantequilla**
  o **margarina**
1 **apionabo**, de 500 g,
  pelado y rallado
3 **manzanas**, peladas,
  picadas y sin el corazón
1,2 l de **caldo de pollo**
  o **de verduras** (*véanse*
  págs. 10 y 13)
1 pizca de **pimienta de Cayena**
  o un poco más si es necesario
sal

para **decorar**
2-3 cucharadas de **manzana**
  cortada en dados
  muy pequeños
pimentón

Derrita la mantequilla o la margarina en una cacerola grande y cueza el apionabo y las manzanas a fuego moderado durante 15 minutos, hasta que estén blandas.

Agregue la pimienta de Cayena y el caldo y lleve a ebullición. Baje el fuego, tape la cacerola y cueza de 15 a 20 minutos, o hasta que las manzanas y el apionabo estén muy blandos.

Páselo por una batidora o un robot de cocina hasta que quede muy suave. A medida que lo bate, vaya vertiéndolo en una cacerola limpia y cuélelo y caliéntelo a fuego lento. Sazone y sirva la sopa en cuencos individuales, decorada con dados de manzana y espolvoreada con pimentón.

Para preparar sopa de apionabo con ajo tostado, ponga 2 cabezas de ajo cortadas por la mitad en una bandeja y rocíe con 2 cucharadas de aceite de oliva. Hornee en el horno, precalentado a 200 °C, durante 15 minutos. Caliente la mantequilla en una cacerola y agregue 1 cebolla y el apionabo picados, en vez de las manzanas, y fríalos a fuego lento durante 5 minutos. Pele el ajo y añada el apionabo junto con 1 l de caldo de verduras, sal y pimienta de Cayena. Cocine como se indica en la receta. Caliente el caldo y bátalo con 150 ml de leche; decore cada cuenco con un poco de crema de leche espesa.

sopa de brócoli y almendras

6 raciones
tiempo de preparación
  15 minutos
tiempo de cocción **15 minutos**

25 g de **mantequilla**
1 **cebolla** ligeramente troceada
500 g de **brócoli** cortado
  en ramitas, los tallos en rodajas
40 g de **almendras molidas**
900 ml de **caldo de verduras**
  o **de pollo** (*véanse*
  págs. 10 y 13)
300 ml de **leche**
sal y pimienta

para **decorar**
15 g de **mantequilla**
6 cucharadas de **yogur natural**
3 cucharadas de **almendras**
  laminadas

Caliente la mantequilla en una cacerola, añada la cebolla
y saltéela durante 5 minutos, hasta que empiece a ablandarse.
Agregue el brócoli y, a continuación, incorpore las almendras
molidas, el caldo y un poco de sal y pimienta.

Llévelo a ebullición, tápelo y cuézalo durante 10 minutos,
hasta que el brócoli este tierno y de un color verde intenso.
Deje que se enfríe un poco y bátalo por tandas en una batidora
o un robot de cocina hasta que esté bien triturado.

Vierta el puré de nuevo en la cacerola y agregue la leche.
Vuelva a calentarlo, pruébelo y rectifique la condimentación
si fuera necesario. Caliente 15 g de mantequilla en una
sartén, agregue las almendras y fríalas durante unos minutos,
removiéndolas hasta que estén doradas. Sirva la sopa
en cuencos, rocíe con 1 cucharada de yogur y esparza
las almendras.

Para preparar sopa de queso azul y brócoli, prescinda
de las almendras molidas y cocine como se indica en
la receta. Añada 125 g de queso azul desmenuzado cuando
recaliente la sopa. Remuévala hasta que el queso se derrita;
viértala en cuencos, esparza un poco de queso y espolvoree
un poco de pimienta negra molida.

minestrone

4 raciones
tiempo de preparación
5 minutos
tiempo de cocción **23 minutos**

2 cucharadas de **aceite
de oliva**
1 **cebolla**, troceada
1 **diente de ajo**, picado
2 **tallos de apio**, troceados
1 **puerro**, troceado fino
1 **zanahoria**, troceada
400 g de **tomates de lata**,
picados
600 ml de **caldo de verduras**
o **de pollo** (*véanse*
págs. 10 y 13)
1 **calabacín**, en dados
½ **col** pequeña, rallada
1 **hoja de laurel**
75 g de **alubias de lata**
75 g de **espaguetis secos**,
cortados en trozos pequeños
o pasta corta
1 cucharada de **perejil**
sal y pimienta
queso parmesano rallado,
para servir

Caliente el aceite en una cacerola grande. Agregue la cebolla, el ajo, el apio, el puerro y la zanahoria y cocínelo a fuego medio, removiendo de vez en cuando, y durante 5 minutos. Añada los tomates, el caldo, el calabacín, la col, la hoja de laurel y las alubias. Llévelo a ebullición, baje el fuego y déjelo cocer durante 10 minutos.

Incorpore la pasta y sazone al gusto. Remueva bien y cocine durante 8 minutos más. No deje de remover, ya que la sopa se puede pegar en la cacerola. Justo antes de servir, añada el perejil y remueva bien. Sirva en cuencos individuales con queso parmesano rallado.

Para preparar *minestrone* con roqueta y pesto de albahaca, elabore la sopa como se indica en la receta y sírvala en cuencos. Corone con unas cucharadas de pesto. Para ello, pique 25 g de roqueta y la misma cantidad de albahaca, 1 diente de ajo y 25 g de piñones. Mezcle con 2 cucharadas de queso parmesano rallado, un poco de sal, pimienta y 125 ml de aceite de oliva. También puede poner todos los ingredientes del pesto en una picadora o robot de cocina y picarlos hasta que estén bien mezclados.

crema de puerros y guisantes

6 raciones
tiempo de preparación
15 minutos
tiempo de cocción **20 minutos**

2 cucharadas de **aceite de oliva**
375 g de **puerros**, bien lavados
y cortados en rodajas finas
375 g de **guisantes frescos
o congelados**
1 **manojo pequeño de menta**
900 ml de **caldo de verduras
o caldo de pollo** (*véanse*
págs. 10 y 13)
150 g de **mascarpone**
la ralladura de 1 **limón**
sal y pimienta

para **decorar**
unas **hojas de menta** (opcional)
la **piel de un limón** rizada

Caliente el aceite en una cacerola; agregue los puerros, tape la cacerola y fríalos a fuego lento durante 10 minutos, removiendo de vez en cuando, hasta que se ablanden pero sin que lleguen a dorarse. Mezcle los guisantes y cocínelos un instante.

Vierta el caldo, salpimiente y lleve a ebullición. Tape la cacerola y cueza durante 10 minutos.

Ponga la mitad de la sopa en una batidora o un robot de cocina, agregue la menta y bata hasta que quede lisa. Vierta el puré de nuevo en la cacerola. Mezcle el mascarpone con la mitad de la ralladura del limón y reserve el resto. Agregue la mitad de la mezcla a la sopa; caliéntela, sin dejar de remover, hasta que el mascarpone se derrita, pruebe la condimentación y rectifique, si es necesario. Sirva la sopa en unos cuencos y corone con unas cucharadas de mascarpone y la ralladura de limón restante. Decore con hojas de menta y la piel de limón rizada, si lo desea.

Para preparar crema de puerros, guisantes y berros, utilice sólo 175 g de guisantes y añada un manojo de berros picados. Cuézalos en 600 ml de caldo, y, en lugar de añadir el mascarpone, mezcle con 150 ml de leche y la misma cantidad de crema de leche espesa, rocíe con un poco de crema de leche y decore con un poco de beicon crujiente picado.

sopa de pimientos, guindilla y judías

6 raciones
tiempo de preparación
20 minutos
tiempo de cocción **30 minutos**

2 cucharadas de **aceite
de girasol**
1 **cebolla** grande, cortada fina
4 **dientes de ajo**, cortados finos
2 **pimientos rojos** sin semillas
ni corazón y en dados
2 **guindillas rojas**, sin semillas
y cortadas finas
900 ml de **caldo de verduras**
(*véase* pág. 13)
750 ml de **salsa de tomate**
o *passata*
1 cucharada de **tomate
concentrado**
1 cucharada de **pasta
de tomates secados al sol**
2 cucharadas de salsa
de **guindilla dulce**
400 g de **judías rojas de lata**,
escurridas
2 cucharadas de **cilantro**
picado fino
sal y pimienta
75 ml de **crema agria**,
y un poco más para servir
(opcional)

Caliente el aceite en una cacerola y fría la cebolla y el ajo hasta que estén blandos, pero sin que lleguen a dorarse. Agregue los pimientos y las guindillas y fríalos durante unos minutos. Añada el caldo, la salsa de tomate, el concentrado de tomate, la salsa de guindilla, las judías y el cilantro. Lleve a ebullición, tape la cacerola y cocine a fuego lento durante 20 minutos.

Deje enfriar un poco y bata la sopa en una batidora o robot de cocina hasta que quede suave. Viértala en la cacerola y rectifique la condimentación. Añada un poco de salsa de guindilla, si es necesario. Lleve a ebullición y sirva en cuencos individuales. Mezcle un poco de crema agria en cada una de las raciones y sirva con unos nachos, un poco de crema agria y piel de limón rizada, si lo desea.

Para preparar sopa de pimientos, berenjenas y guindillas, caliente 2 cucharadas de aceite de girasol en una cacerola, añada 1 berenjena cortada en dados, junto con la cebolla y el ajo, y fríalos hasta que la berenjena quede un poco dorada; a continuación, incorpore los pimientos y las guindillas. Agregue 600 ml de caldo, la salsa de tomate, el concentrado de tomate y la pasta y la salsa de guindilla. Prescinda de las judías rojas y añada un manojo pequeño de albahaca. Cueza el puré y, si es necesario, añada un poco de caldo para rebajar la sopa.

stracciatella

6 raciones
tiempo de preparación
5 minutos
tiempo de cocción **4-6 minutos**

1,2 l de **caldo de pollo**
(*véase* pág. 10)
4 **huevos**
25 g de **queso parmesano**
recién rallado, y un poco
más para servir
2 cucharadas de **pan rallado**
¼ de cucharadita de **nuez**
moscada rallada
sal y pimienta
hojas de albahaca

Vierta el caldo en una cacerola y lleve a ebullición. Baje el fuego y cueza durante 2 o 3 minutos. Bata los huevos, el parmesano, el pan rallado y la nuez moscada en un cuenco. Poco a poco, vaya mezclando los huevos con 2 cucharones de caldo caliente.

Baje el fuego y mezcle el huevo con el caldo hasta obtener una textura suave, asegurándose de que la temperatura sea moderada, ya que el huevo se puede cuajar si la sopa hierve. Cueza durante 2 o 3 minutos.

Corte las hojas de albahaca y añádalas a la sopa. Sírvala en cuencos. Agregue parmesano rallado a su gusto.

Para preparar sopa de huevo, caliente 1,2 litros de caldo de pollo y agregue 1 cucharadita de azúcar y 1 cucharada de salsa de soja. Bata 2 huevos en un cuenco pequeño. Remueva el caldo con un tenedor trazando círculos y vierta los huevos en forma de gotitas con la ayuda de los dientes del tenedor formando un remolino. Déjelo reposar un minuto o dos para que se asiente el huevo y sirva la sopa en cuencos. Decore con rodajas de cebolla tierna y un poco de cilantro picado o guindilla verde.

sopa de calabacín y *gremolata*

6 raciones
tiempo de preparación
15 minutos
tiempo de cocción **25 minutos**

25 g de **mantequilla**
1 **cebolla**, troceada fina
250 g de **calabacín** troceado
1 **tallo de apio** troceado
2 **dientes de ajo** troceados finos
75 g de **arroz arborio** o **bomba**
1,2 l de **caldo de pollo**
    o **de verduras** (*véanse*
    págs. 10 y 13)
150 ml de **vino blanco seco**
2 **huevos** batidos
4 cucharadas de **queso**
    parmesano rallado
sal y pimienta

para la *gremolata*
puñado pequeño de **albahaca**
puñado pequeño de **perejil**
2 cucharaditas de **alcaparras**
ralladura de un **limón**

Caliente la mantequilla en una cacerola; agregue la cebolla y caliente durante 5 minutos hasta que se ablande. Remueva con los trozos de calabacín, apio y ajo y añada el arroz.

Vierta el caldo y el vino; condimente con sal, pimienta y cocine a fuego lento durante 15 minutos; remueva de vez en cuando hasta que el arroz esté cocido.

Retire la cacerola del fuego y deje que se enfríe un poco. Bata en un cuenco los huevos y el queso parmesano y luego mézclelos con un cucharón de caldo caliente. Vierta la mezcla de nuevo en la cacerola y remueva bien a fuego lento hasta que se espese ligeramente. Vigile que no hierva, si no los huevos pueden cuajarse.

Pique finamente todos los ingredientes y mézclelos. Sirva la sopa en cuencos y espolvoree con un poco de *gremolata*.

Para preparar sopa de calabacín, limón y salmón, prepare la sopa como como se indica en la receta, añadiendo 375 g de lomo de salmón en los últimos 10 minutos de tiempo de cocción da la sopa. Saque el pescado y desmenúcelo desechando la piel y las espinas. Bata 2 huevos con el zumo de ½ limón en un cuenco; mezcle gradualmente con un cazo de la sopa caliente y luego vierta de nuevo en la cacerola y cueza a fuego lento hasta que la sopa se espese un poco. Reparta el salmón en cuencos y espolvoree con un poco de perejil.

sopa de guisantes, lechuga y limón

4 raciones

tiempo de preparación
10 minutos

tiempo de cocción
15-20 minutos

25 g d **mantequilla**
1 **cebolla** grande, troceada fina
425 g de **guisantes** congelados
2 **cogollos** pequeños troceados
1 l de **caldo de verduras**
  o **de pollo** (*véanse*
  págs. 10 y 13)
ralladura y zumo de ½ **limón**
sal y pimienta

picatostes de sésamo
2 rebanadas de **pan**, en dados
1 cucharada de **aceite de oliva**
1 cucharada de **semillas**
  de sésamo

Pincele los dados de pan con el aceite y póngalos en una fuente para horno. Espolvoree con las semillas de sésamo y hornee en el horno, precalentado a 200 °C, durante 10 o 15 minutos, o hasta que estén dorados.

Mientras, caliente la mantequilla en una sartén grande y sofría la cebolla durante 5 minutos hasta que se ablande. Añada los guisantes, las lechugas, el caldo, la cáscara y el zumo de limón, sal y pimienta al gusto. Lleve a ebullición, reduzca el fuego, tape y cocine a fuego lento durante 10 o 15 minutos.

Deje que la sopa se enfríe un poco; entonces transfiérala a una licuadora o robot de cocina y pásela hasta que esté homogénea. Devuelva la sopa a la cacerola, caliéntela y rectifique la condimentación si es necesario. Póngala en cuencos individuales y adorne con los picatostes de sésamo.

Para preparar sopa de guisantes, espinacas y limón,

siga las instrucciones de la receta y añada 125 g de hojas de espinacas en lugar de la lechuga. Cocínelas a fuego lento durante 10 o 15 minutos. Condimente con un poco de nuez moscada al gusto. Sirva la sopa en cuencos y cubra con 2 cucharaditas de yogur natural.

sopa de hierbas del jardín

4 raciones
tiempo de preparación
  15 minutos
tiempo de cocción **30 minutos**

50 g de **mantequilla**
1 **cebolla**, picada gruesa
1 **patata** de 250 g troceada
1 l de **caldo de jamón,**
  de pollo o **de verduras**
  (*véanse* págs. 10 y 13)
75 g de **mixto de perejil**
  y **cebollino troceado**
sal y pimienta

Caliente la mantequilla en una cacerola; agregue la cebolla y sofríala durante 5 minutos hasta que esté tierna pero no dorada. Agregue la patata, tape y cueza suavemente durante 10 minutos; remueva de vez en cuando hasta que esté dorada.

Agregue el caldo, condimente con sal, pimienta y llévelo a ebullición. Tape y cueza a fuego lento durante 10 minutos o hasta que las patatas estén tiernas. Deje enfriar un poco y páselo por una licuadora o robot de cocina con las hierbas.

Póngalo otra vez en la cacerola, rectifique de sal y pimienta si hace falta. Sirva en tazas acompañadas de sándwiches tostados de beicon.

Para preparar sopa de hierbas Italiana, caliente 2 cucharadas de aceite de oliva en una sartén; agregue la cebolla y sofríala hasta que se ablande. Mézclela con 150 g de patatas en dados y fría durante 5 minutos. Mezcle el caldo y los condimentos como se indica en la receta; tape y cocine a fuego lento durante 10 minutos. Ponga la sopa en una licuadora, reemplace el perejil y el cebollino por 25 g de piñones o almendras y 40 g de parmesano recién rallado. Vuelva a calentar y sirva con piñones tostados.

caldo de pollo y coco

4 raciones
tiempo de preparación
10 minutos
tiempo de cocción
20-21 minutos

1 cucharada de **aceite
de girasol**
250 g **muslos de pollo**
deshuesados, pelados
y troceados
4 cucharadas de **pasta de curry
tailandesa**
1 cucharadita de **pasta
de galanga**
3 hojas de **lima** *kaffir*
400 ml de **leche de coco**
2 cucharaditas de **salsa
de pescado tailandesa**
1 cucharadita de **azúcar moreno**
600 ml de **caldo de pollo**
(*véase* pág. 10)
4 **cebollas tiernas** troceadas,
2 más para decorar
50 g de **tirabeques**, troceados
100 g de **brotes de soja**
enjuagados
manojo pequeño de **hojas
de cilantro**

Caliente el aceite en una cacerola; agregue el pollo, la pasta de curry y fría durante 3 o 4 minutos hasta que empiece a colorearse. Mezcle la pasta de galanga, las hojas de lima, la leche de coco, la salsa de pescado y el azúcar; a continuación vierta en el caldo y mezcle.

Lleve a ebullición, tape y cueza a fuego lento durante 15 minutos; remueva de vez en cuando hasta que el pollo esté cocido.

Rice los tallos de las cebollas tiernas reservando unos cuantos para decorar. Remoje en agua fría durante 10 minutos y escurra.

Agregue el resto de las cebollas tiernas, los tirabeques, los brotes de soja y cocine por 2 minutos. Sirva en tazones y adorne con unas hojas de cilantro troceadas.

Para preparar caldo de pescado rojo y coco, caliente el aceite, agregue la pasta de curry y fría durante 1 minuto. Añada la pasta de galanga, las hojas de lima, la leche de coco, la salsa de pescado y el azúcar moreno. Vierta el caldo; a continuación, añada 250 g de filete de salmón. Cubra, cocine unos 10 minutos, saque el pescado, trócelo y deseche la piel y las espinas. Devuelva el pescado al caldo, añada las verduras, 125 g de gambas pequeñas descongeladas y enjuagadas. Cocine durante 2 minutos y sirva con hojas de cilantro, como se indica en la receta.

sopa de gambas y fideos

4 raciones
tiempo de preparación
10 minutos
tiempo de cocción **15 minutos**

900 ml de **caldo de verduras**
o **de pollo** (*véanse*
págs. 10 y 13)
2 hojas de **lima** *kaffir*
ligeramente machacadas
un tallo de **hierba limonera**
150 g de **fideos de huevo**
secos
50 g de **guisantes** congelados
50 g de **maíz dulce** congelado
100 g de **langostinos**
grandes, cocidos, pelados
y sin vena, previamente
descongelados,
si son congelados
4 **cebollas tiernas** troceadas
2 cucharaditas de **salsa de soja**

Ponga el caldo en una cacerola con las hojas de lima y de hierba limonera; lleve a ebullición, reduzca el fuego y cocine a fuego lento durante 10 minutos.

Agregue los fideos al caldo y cueza según las instrucciones del envase. Después de 2 minutos, añada los guisantes, el maíz dulce, las gambas, las cebollas tiernas, la salsa de soja y cueza otros 2 minutos. Retire la hierba limonera y deséchela. Sirva la sopa caliente.

Para preparar sopa de pollo y fideos, ponga el caldo, las hojas de lima y la hierba limonera en una cacerola; añada 2 pechugas de pollo cortadas en dados, lleve a ebullición, y, a continuación, cueza a fuego lento durante 10 minutos. Siga las indicaciones anteriores.

crema de maíz dulce

4-6 raciones

tiempo de preparación
5-10 minutos

tiempo de cocción
25-30 minutos

40 g de **mantequilla**
1 **cebolla** troceada
2 **patatas** troceadas
25 g de **harina**
900 ml de **leche**
1 hoja de **laurel**
2 × 325 g de **maíz dulce
de lata** escurrido
6 cucharaditas de **crema
de leche espesa**
sal y pimienta
tocino frito, para adornar

Derrita la mantequilla en una cacerola grande. Añada la cebolla, las patatas y cueza a fuego lento; remueva frecuentemente durante 5 minutos, sin dejar dorar.

Incorpore la harina, agregue la leche poco a poco, removiendo constantemente. Lleve a ebullición, añada el laurel y condimente con sal y pimienta. Añada la mitad del maíz dulce; tape y cueza a fuego lento durante 15 o 20 minutos.

Retire la hoja de laurel y deséchela; aparte la sopa para que se enfríe un poco. Pase la sopa por la licuadora o el robot de cocina hasta que esté lisa. Devuélvala a la cacerola, agregue el resto del maíz dulce y caliente.

Agregue la crema, esparza el tocino por encima y sirva la sopa de inmediato.

Para preparar crema de maíz dulce y boniato, fría la cebolla en la mantequilla; añada 425 g de boniatos en dados, en vez de la patata; continúe como se indica en la receta. Sirva la sopa en cuencos con un poco de chorizo picado en lugar de con tocino.

sopa mediterránea de ajo

4 raciones
tiempo de preparación
10 minutos
tiempo de coción **16-18 minutos**

2 cucharadas de **aceite de oliva**
2-3 **dientes de ajo**, picados finos
125 g de **chorizo** troceado
6 cucharadas de **vino tinto**
1 l de **caldo de ternera**
   (*véanse* págs. 11 y 12)
2 cucharaditas **de tomate concentrado**
1 cucharadita de **azúcar moreno**
4 **huevos**
sal y pimienta
perejil troceado, para decorar

Caliente el aceite en una cacerola; agregue el ajo y el chorizo y sofría suavemente durante 3 o 4 minutos. Añada el vino, el caldo, el tomate concentrado y el azúcar; condimente con sal y pimienta y cueza a fuego lento durante 5 minutos.

Reduzca el fuego por debajo del punto de ebullición, coloque los huevos uno a uno, dejando espacio entre ellos, y deje cocer unos 3 o 4 minutos.

Pruebe y condimente si fuese necesario; ponga cada huevo en un plato, cubra con el caldo y espolvoree con un poco de perejil picado. Sirva con picatostes (*véase* pág. 15)

Para preparar sopa de ajo y patata, añada 375 g de patatas en dados, fría la cebolla y el chorizo. Incorpore el vino, el caldo, el tomate concentrado, el azúcar, las especias y cueza a fuego lento durante 30 minutos. Sirva la sopa en cuencos con virutas de queso gruyer.

sopa agripicante

4 raciones
tiempo de preparación
 10 minutos
tiempo de cocción **12 minutos**

750 ml de **caldo de verduras**
 o **de pescado** (*véase* pág. 13)
4 hojas de **lima** *kaffir*
2,5 cm de **jengibre** pelado
 y rallado
1 **pimiento rojo** sin semillas
 y troceado
un tallo de **hierba limonera**
125 g de **setas** troceadas
100 g de **fideos de arroz**
75 g de **hojas de espinacas**
125 g **langostinos tigre**
 previamente descongelados,
 enjuagados con agua fría
 y escurridos
2 cucharadas de **zumo de limón**
pimienta negra molida

Ponga el caldo, las hojas de lima, el jengibre fresco, la guindilla y la hierba limonera en una cacerola. Tape y lleve a ebullición. Agregue las setas y cocine a fuego lento durante 3 minutos.

Incorpore las espinacas y los langostinos y cocine a fuego lento durante 2 minutos hasta que los langostinos estén bien calientes. Agregue el zumo de limón. Retire el tallo de hierba limonera y deséchelo; condimente la sopa con sal y pimienta negra antes de servir.

Para preparar sopa picante de coco, haga la sopa como se indica en la receta; añada tan sólo 450 ml de caldo y 400 ml de leche de coco más 2 cucharaditas de pasta de curry rojo tailandés. Siga las indicaciones anteriores y sirva espolvoreando con un poco de cilantro.

sopa de coliflor con queso y sidra

6 raciones
tiempo de preparación
15 minutos
tiempo de cocción **30 minutos**

40 g de **mantequilla**
1 **cebolla**, picada fina
200 g de **patata**, rallada gruesa
1 **coliflor**, de unos 500 g,
    en trocitos
900 ml de **caldo de pollo**
    u **caldo de verduras**
    (*véanse* págs. 10 y 13)
300 ml de **sidra natural**
2 cucharaditas de **mostaza**
75 g de **queso cheddar** rallado
sal y pimienta de Cayena
cebollinos troceados,
    para decorar

Caliente la mantequilla en una cacerola; agregue la cebolla y cuézala durante 5 minutos hasta que empiece a dorarse por los bordes. Mezcle con la patata y cueza brevemente. Agregue la coliflor, el caldo, la sidra y la mostaza. Condimente con sal y pimienta y lleve a ebullición. Tape y deje cocer a fuego lento durante 15 minutos hasta que las verduras estén tiernas.

Aplaste la sopa hasta que quede más o menos espesa; luego, añada el queso y remueva hasta que se derrita. Pruebe la condimentación y rectifique si fuese necesario; a continuación, reparta la sopa en tazones. Decore con el cebollino picado y sirva con picatostes (*véase* pag. 15).

Para preparar tostadas con queso, como acompañamiento, mezcle 125 g de queso cheddar rallado con una yema de huevo, 2 cucharaditas de salsa worcester, 1 cucharadita de mostaza y un poco de pimienta de Cayena. Tueste ligeramente 4 rebanadas de pan por ambos lados. Extienda la mezcla de queso sobre la parte superior da cada tostada; luego, caliéntelas bajo el grill hasta que el queso esté muy caliente y dorado. Corte en tiras finas para servir.

sopas
frías

sopa de remolacha

6 raciones
tiempo de preparación
   25 minutos
tiempo de cocción **50 minutos**,
   más tiempo de enfriado

1 cucharada de **aceite de oliva**
1 **cebolla** picada gruesa
500 g de **remolacha cruda**,
   preparada, pelada y en dados
1 **manzana** grande de unos
   375 g, sin el corazón, pelada
   y picada
1,5 l de **caldo de verduras**
   o **caldo de pollo** (*véanse*
   págs. 10 y 13)
sal y pimienta

para **decorar**
6 cucharadas de **crema agria**
1 **manzana** roja, sin el corazón
   y picada
los granos de ½ **granada**
4 cucharadas de **jarabe de arce**

Caliente el aceite en una cacerola; agregue la cebolla
y sofríala 5 minutos hasta que se ablande. Agregue
la remolacha y la manzana; vierta el caldo, condimente
con sal y pimienta y lleve a ebullición. Tape y cueza a fuego
lento durante 45 minutos; remueva de vez en cuando hasta
que la remolacha esté tierna.

Deje que la sopa se enfríe un poco, pásela por la licuadora
o el robot de cocina hasta que esté lisa. Vierta la mezcla
en una jarra grande y rectifique la condimentación, si es
necesario; a continuación, enfríe en el frigorífico durante
3 o 4 horas o toda la noche.

Vierta la sopa en tazones y cubra con 1 cucharada de crema
agria; esparza con la manzana y las semillas de granada
y luego rocíe con un poco de jarabe de arce. Sirva en una jarra
pequeña, para agregar más si fuese necesario, y acompañe
con pan de centeno en rodajas, si le gusta.

Para preparar sopa de remolacha y naranja, sofría
la cebolla en aceite como se indica en la receta, añada la
remolacha (omita la manzana) y cueza a fuego lento durante
45 minutos. Reduzca la sopa a puré y mézclela con la
ralladura de 2 naranjas grandes y su zumo. Enfríela y sírvala
con un poco crema, un chorrito de miel y un poco de piel
de naranja rizada.

espuma de melón frío

6 raciones
tiempo de preparación
15 minutos

2 **melones** galia maduros
zumo recién exprimido de 1 **lima**
½ **guindilla roja** grande,
    sin semillas y troceada
un manojo pequeño de **cilantro**
    más algunas hojas para
    decorar
300 ml de **zumo de manzana**
    exprimido
rodajas de **lima**, para decorar
    (opcional)

Corte el melón por la mitad, saque las semillas y deséchelas; a continuación, retire la pulpa y póngala en una licuadora o robot de cocina junto con el zumo de lima, la guindilla y el cilantro troceado. Vierta la mitad del zumo de manzana y dele vueltas hasta que la preparación esté homogénea. Mezcle poco a poco con el zumo restante hasta que esté espumoso.

Vierta la sopa en tazas o vasos llenos hasta la mitad con hielo y sirva inmediatamente. Adorne con una ramita de cilantro y con rodajas de lima.

Para preparar espuma de melón con jengibre, saque la pulpa de los 2 melones pequeños y bátala con 2 cebollas tiernas picadas y 150 ml de crema acidificada desnatada en la licuadora o el robot de cocina. Añada 150 ml de cerveza de jengibre hasta que obtenga espuma. Vierta la mezcla en unos platos hondos o en las cáscaras vacías de los melones.

sopa de cerezas

6 raciones
tiempo de preparación
10 minutos
tiempo de cocción **12 minutos**,
más tiempo de enfriado

300 ml de **vino blanco**
450 ml de **agua**
2 cucharadas de **azúcar
blanquilla**
1 ramita de **canela** partida
por la mitad
ralladura y zumo de **1 limón**
475 g de **cerezas** deshuesadas
congeladas
300 ml de **crema agria**
canela en polvo, para decorar

Vierta el vino y el agua en una cacerola; agregue el azúcar,
la canela, la ralladura de limón y su zumo. Lleve a ebullición
y cueza a fuego lento durante 5 minutos. Añada las cerezas,
todavía congeladas, y cueza a fuego lento durante 5 minutos.
Retire la canela en rama; a continuación, ponga la mitad
de las cerezas en la licuadora o robot de cocina. Agregue
la crema agria y mezcle hasta que la sopa esté homogénea.
Vuelva a verterla en la cacerola y mezcle bien.

Enfríe la sopa; a continuación, repártala en unos platos
hondos para que se puedan ver las cerezas enteras
y espolvoree con un poco de canela molida.

Para preparar sopa de fresas a la pimienta, prepare el
almíbar como se indica en la receta, con el vino, el agua,
el azúcar, la ralladura de limón y su zumo, añada 1 cucharadita
de pimienta en lugar de la canela. Cueza a fuego lento
durante 5 minutos; añada 500 g de fresas en rodajas
o mitades en función de su tamaño. Termine la sopa
como se indica en la receta.

sopa de aguacate y crema agria

6 raciones
tiempo de preparación
15 minutos
tiempo de cocción **5 minutos**

1 cucharadita de **aceite
de girasol**
4 **cebollas tiernas** en rodajas,
2 más para decorar
2 **aguacates** grandes
deshuesados y partidos
por la mitad
4 cucharaditas de **crema
agria** y 600 ml de **caldo
de verduras** o de **pollo**
(*véanse* págs. 10 y 13)
zumo de 2 **limas**
sal y pimienta
salsa tabasco

Caliente el aceite en una sartén; agregue las cebollas tiernas
y fría 5 minutos hasta que queden blandas. Corte en tiras
muy finas las cebollas tiernas restantes. Remójelas en agua
fría durante 10 minutos y escúrralas. Obtendrá unos rizos.

Retire la carne de los aguacates con una cuchara y póngala
en la licuadora o robot con las cebollas tiernas fritas, la crema
agria y un tercio del caldo. Bata hasta que el puré quede
liso y añada el zumo de lima. Aliñe al gusto con sal, pimienta
y unas gotas de salsa de tabasco.

Sirva la sopa inmediatamente con el aguacate aún verde
brillante en tazones de cristal con un poco de hielo. Reparta
los rizos de la cebolla tierna en la sopa y sirva con palitos
de pan o grisines.

Para preparar grisines de sal y pimienta caseros, como
acompañamiento, ponga 250 g de harina de fuerza blanca
en un cuenco y mezcle con un 1/4 de cucharadita de azúcar
de lustre y 1 cucharadita de levadura seca de panadero.
Agregue 4 cucharadas de aceite de oliva y poco a poco
mézclelo con 150 ml de agua templada hasta obtener
una masa homogénea. Amase durante 5 minutos sobre la
superficie de trabajo ligeramente enharinada; luego, corte
en 18 piezas, que enrollará como si fuera una cuerda fina.
Póngalas en una placa para hornear, cúbralas con un film
transparente, pincele con huevo batido, espolvoree con sal
marina gruesa y disperse generosamente granos de pimienta
negra molida. Hornee en el horno, precalentado a 200 °C,
durante 6 o 8 minutos hasta que los grisines estén dorados.
Sírvalos calientes o fríos con la sopa.

vichyssoise de hinojo

6 raciones
tiempo de preparación
20 minutos
tiempo de cocción **30 minutos**,
más tiempo de enfriado

25 g de **mantequilla**
200-250 g de **bulbo de hinojo**
picado, hojas reservadas
para decorar
4 **cebollas tiernas**, en rodajas
finas
150 g de **patata** troceada
450 ml de **caldo de pollo**
(*véase* pág. 10)
250 ml de **leche**
150 ml de **crema de leche**
espesa
sal y pimienta

Ponga la mantequilla en una cacerola; añada el hinojo cortado, las cebollas tiernas y las patatas; remueva y sofría durante 10 minutos, mezclando de vez en cuando hasta que las hortalizas estén tiernas pero sin tostar.

Vierta el caldo, salpimiente y llévelo a ebullición. Tape y cueza a fuego lento durante 15 minutos hasta que las verduras estén tiernas.

Deje que la sopa se enfríe un poco; luego pase la crema por una licuadora o robot hasta que quede lisa. Vierta el puré en una cacerola; a continuación, presione las partes más gruesas del hinojo con el dorso de un cucharón. Mezcle con la leche, la crema y aliñe al gusto. Deje enfriar bien.

Sirva la sopa en tazones o vasos pequeños con hielo y adórnela con las hojas antes reservadas en trozos pequeños.

Para preparar *vichyssoise* **clásica**, omita el hinojo, las cebollas tiernas y añada 375 g de puerros, bien enjuagados con agua fría, escurridos y troceados. Mezcle la mitad de la crema con la sopa antes de servir. Adorne con un poco de cebollino cortado.

gazpacho

6 raciones
tiempo de preparación
10-15 minutos, más tiempo
de enfriado

2 **dientes de ajo**, picados finos
¼ de cucharadita de **sal**
3 rebanadas de **pan blanco**,
sin la corteza
375 g de **tomates**, pelados
y picados
½ **pepino**, pelado, sin semillas
y picado
2 **tallos de apio**, en trozos
grandes
5 cucharadas de **aceite
de oliva**
4 cucharadas de **vinagre
de vino blanco**
1 l de **agua**
pimienta negra recién molida

para **decorar**
2 **tomates**, sin semillas
y en trozos
¼ de **pepino**, en trozos
½ **cebolla roja**, picada fina

Maje el ajo picado y la sal en un mortero hasta que la mezcla esté lisa. Como alternativa, ponga el ajo y la sal sobre una tabla y aplástelos con la hoja del cuchillo. Coloque el pan en un cuenco y cúbralo con agua fría. Déjelo en remojo 5 segundos y escurra.

Coloque los tomates, el pepino, el pimiento y el apio en la batidora. Agregue la pasta de ajo, pan y aceite y bátalo hasta que la preparación esté homogénea.

Vierta la mezcla en un cuenco grande; agregue el vinagre, el agua y pimienta al gusto. Tape y deje enfriar en la nevera al menos durante 3 horas. Sirva la sopa muy fría en vasos individuales fríos. Adorne con dados de tomate, de pepino y de cebolla roja.

Para preparar gazpacho picante, haga la sopa como se indica en la receta, agregue una guindilla roja grande, sin semillas y picada fina, a las otras hortalizas. Sírvalo con menta picada fina y un chorrito de aceite de oliva.

sopa fría de uva y almendras

6 raciones
tiempo de preparación
20 minutos, más tiempo
de enfriado

100 g de **pan chapata**,
sin corteza
600 ml de **caldo de pollo**
(*véase* pág.10)
100 g de **almendras peladas**
1-2 **ajos** picados
2 cucharaditas de **aceite
de oliva**
2 cucharaditas de **vinagre
de jerez**
sal y pimienta

para **decorar**
3 cucharaditas de **almendras
tostadas**
150 g de **uvas**, sin semillas,
en mitades

Trocee el pan y póngalo en un recipiente; vierta 150 ml de caldo y déjelo en remojo durante 5 minutos hasta que se ablande.

Muela las almendras y el ajo en el robot o batidora hasta que se transforme en un polvo fino; a continuación, agregue el pan remojado, el aceite, el vinagre y un poco de sal y pimienta. Mezcle poco a poco con el resto.

Enfríe por lo menos 2 horas. Pruebe y rectifique al gusto si fuese necesario; a continuación, reparta en unos cuencos y espolvoree las uvas y almendras para adornar. Sirva con pan chapata fresco.

Para preparar sopa fría de tomates y almendras, haga como se indica en la receta, remojando el pan en 150 ml de caldo, mezclando luego con 450 ml de caldo y puré de tomate, 4 trozos de tomates secados al sol en aceite y algunas hojas de albahaca en lugar de las uvas.

sopa bloody mary

6 raciones

tiempo de preparación
20 minutos

tiempo de cocción **25 minutos**,
más tiempo de enfriado

1 cucharada de **aceite de oliva**
y un poco más para servir
1 **cebolla**, picada
1 **pimiento rojo**, sin corazón
ni semillas y en dados
2 **tallos de apio**, en rodajas
500 g de **tomates**, picados
900 ml de **caldo de verduras**
(*véase* pág. 13)
2 cucharaditas de **azúcar
blanquilla**
4 cucharaditas de **salsa
worcester**
4 cucharadas de **tomate
concentrado**
4 cucharaditas de **vodka**
y unas gotas de **tabasco**
sal y pimienta
hojas de **apio** pequeño,
para decorar

Caliente el aceite en una cacerola; añada la cebolla
y sofríala 5 minutos hasta que quede blanda pero no tostada.
Agregue el pimiento rojo, el apio y los tomates; fríalos durante
5 minutos, removiendo de vez en cuando.

Vierta el caldo, agregue el azúcar, la salsa worcester, el tomate
concentrado, un poco de sal y pimienta, hasta llevar a ebullición.

Tape y cueza a fuego lento durante 15 minutos.

Deje que la sopa se enfríe un poco; luego, pase la crema
por la batidora o robot hasta que esté lisa. Cuando esté
al gusto, viértala en la cacerola. Añada el vodka y el tabasco
y rectifique la condimentación. Enfríe bien.

Sirva la sopa en tazones pequeños o copas; añada tiras
de apio, rocíe con un poco de aceite de oliva extra y espolvoree
con un poco más de pimienta.

Para preparar sopa al pesto Virgen María, sofría la cebolla
en el aceite; añada el pimiento rojo, el apio y el tomate;
a continuación, cueza a fuego lento en 900 ml de caldo
con 4 cucharaditas de pasta de tomates secados al sol
y 2 cucharadas de azúcar durante 15 minutos. Reduzca
el puré con 1 cucharada de pesto. Enfríe, sirva con un poco
más de pesto en cada plato y adorne con unas hojas de
albahaca.

sopa de yogur y pepino con nueces

4 raciones
tiempo de preparación
15 minutos, más tiempo
de remojo y enfriado

½ **pepino**
25 g **nueces**
1 **diente de ajo**
4 tallos de **eneldo**
½ rebanada de **pan blanco**
cortado en trozos
400 g de **yogur natural**
desnatado
4 cucharadas de **agua caliente**
4 cucharaditas de **zumo de limón**
sal y pimienta

para **decorar**
un poco de **aceite de oliva extra**
algunas **nueces y ramitas**
de eneldo

Pele medio pepino; a continuación, córtelo en trozos gruesos. Póngalo en un plato con un poco de sal y déjelo reposar 20 minutos.

Enjuague el pepino con agua fría y escúrralo bien en un colador. Pase las nueces, el ajo, el eneldo, el pan y el aceite por la batidora o robot de cocina hasta que queden finamente picados. Agregue el pepino y el yogur y mezcle hasta que también quede bien amalgamado. Agregue el agua, el zumo de limón y salpimiente a su gusto. Enfríe bien.

Sírvala en copas. Rocíe la parte superior con un poco de aceite de oliva extra, espolvoree con las nueces y una o dos ramitas de eneldo. Sírvala con tiras de pita tostado, si le gusta.

Para preparar sopa de yogur y pepino con almendras, sale el pepino como se indica en la receta. Omita las nueces, el ajo y el eneldo, y añada 25 g de almendras molidas y 2 tallos de menta fresca en su lugar. Mezcle con el pan y aceite como en la receta; a continuación, agregue el pepino lavado y seco, el yogur, el agua, el zumo de limón y salpimiente. Póngalo en la nevera. Sírvalo en copas y adorne con un hilo de aceite de oliva, unos copos de almendras tostadas y unas hojas pequeñas de menta.

sopa fría de lechuga

6 raciones
tiempo de preparación
15 minutos
tiempo de cocción
14-15 minutos, más tiempo
de enfriado

4 **cebollas tiernas** en rodajas
250 g de **guisantes frescos**
o **congelados**
1 **corazón de lechuga romana**,
hojas separadas y lavadas
600 ml de **caldo de pollo**
o **de verduras** (*véanse*
págs. 10 y 13)
1 cucharadita de **azúcar
blanquilla**
6 cucharadas de **crema
de leche espesa**
sal y pimienta

para **servir**
12 **cogollos de Tudela**
1 **cangrejo** fresco preparado
de 150 g
2 cucharadas de **mayonesa**
1 cucharita de **zumo de limón**
un poco de **pimentón**

Caliente la mantequilla en una cacerola; agregue las cebollas tiernas y fríalas durante 2 o 3 minutos hasta que queden blandas. Incorpore los guisantes; cocínelos durante 2 minutos, tritúrelos y añada la lechuga. Vierta sobre el caldo, agregando azúcar y un poco de sal y pimienta hasta que llegue a ebullición.

Tape y cueza a fuego lento durante 10 minutos hasta que esté tierna, pero conservando su color verde brillante. Deje que se enfríe un poco; luego pásela por la batidora o robot hasta que esté lisa. Añada la crema; a continuación, aliñe para modificar el sabor si fuese necesario. Enfríela bien.

Sirva la sopa en tazones pequeños sobre los platos. Acompañe con una lechuga cubierta con una pequeña cantidad de cangrejo mezclado con la mayonesa, el zumo de limón y espolvoree con pimentón.

Para preparar sopa de berros refrescante, caliente la mantequilla como se indica en la receta; corte en rodajas un puerro pequeño, agregue 200 g de patatas cortadas en dados, tape y cueza 10 minutos, remueva de vez en cuando. Incorpore 750 ml de caldo de pollo o de verduras; cubra y cueza 10 minutos. Añada las hojas de los puerros, 2 manojos o 200 g de berros y cueza 5 minutos hasta que los berros queden tiernos. A continuación, devuélvalos a la sartén y mézclelos con 150 ml de leche y 150 ml de crema de leche. Enfríe bien. Sírvala en platos hondos con un copete de crema.

calientes para el invierno

sopa de tomate y berenjena ahumada

6 raciones
tiempo de preparación
20 minutos
tiempo de cocción **60 minutos**

2 **berenjenas** grandes
2 cucharaditas de **aceite
de oliva**
1 **cebolla** grande, picada
2 **dientes de ajo**, picados finos
500 g de **tomates**, pelados
y picados
½ cucharadita de **pimentón
ahumado**
1 cucharadita de **azúcar
blanquilla**
600 ml de **caldo de verduras**
o **pollo** (*véanse* págs. 10 y 13)
sal y pimienta

tostadas de anchoas
50 g de **filetes de anchoas**
en aceite, escurridas
y picadas finas
2 cucharadas de **cebollinos**
picados
75 g de **mantequilla**
1 baguete pequeña
o ½ barra de **pan francés**
en rodajas

Pinche cada berenjena justo por debajo de los tallos y cuézalas bajo el grill caliente durante 15 minutos, dándoles la vuelta varias veces hasta que la piel está chamuscada. Páselas a una tabla de cortar y déjelas enfriar.

Caliente el aceite en una cacerola grande, agregue la cebolla y fríala durante 2 minutos. Mezcle los tomates, el pimentón ahumado, el azúcar y deje cocer brevemente; luego, añada el caldo y aliñe con sal y pimienta. Llévela a ebullición, tape y cueza a fuego lento 30 minutos.

Pase la sopa por la batidora o robot de cocina hasta que quede lisa. Viértala en una cacerola y caliente de nuevo. Mezcle las anchoas, las cebollas, la mantequilla y un poco de pimienta. Tueste el pan y úntelo con la mantequilla de anchoas. Sirva la sopa en tazones y deje flotar las tostadas de anchoas en la parte superior. Sírvala inmediatamente.

Para preparar sopa de tomate ahumado, omita la berenjena y añada 875 g de tomates pelados y picados con la cebolla y el ajo frito. Aromatice con el pimentón ahumado y cueza a fuego lento con el caldo, el azúcar, sal y pimienta. Sirva la sopa reducida a puré con un chorrito de aceite de oliva en lugar de con las tostadas de anchoas.

sopa de boniatos y cordero con especias

6 raciones
tiempo de preparación
30 minutos
tiempo de cocción **2 horas y 30 minutos**

1 cucharada de **aceite de oliva**
500 g de **cordero para guisar**, con los huesos
1 **cebolla**, picada fina
1-2 **dientes de ajo**, picados finos
2 cucharadas de *ras el hanout* (mezcla de especias marroquí)
2,5 cm de **jengibre** fresco rallado
2 l de **caldo de cordero** o **de pollo** (*véase* pág. 10)
75 g **lentejas rojas**
300 g **boniato** picado
175 g **zanahoria** picada
sal y pimienta
pequeño manojo de **cilantro**, para decorar (opcional)

Caliente el aceite en una cacerola grande; añada el cordero y fríalo hasta que esté dorado de un lado; dele la vuelta y añada la cebolla. Deje cocinar hasta que el cordero esté dorado y la cebolla coja color.

Añada el ajo, la sal, el jengibre y, a continuación, el caldo, las lentejas, la sal y la pimienta. Llévelo hasta ebullición y luego reduzca el fuego, tape y cueza a fuego lento durante 30 minutos.

Añada el boniato, la zanahoria, y cueza a fuego lento y tapado durante 1 hora. Retire el cordero de la sopa con la espumadera y póngalo en un plato; a continuación, saque con cuidado los huesos y retire el exceso de grasa, desmenuzando la carne en trozos pequeños. Ponga la carne en la cacerola y caliéntela. Pruebe la condimentación y rectifique.

Reparta la sopa en tazones, espolvoree con hojas de cilantro picado y sírvala con pan plano de hinojo caliente.

Para preparar panes planos de hinojo caseros, como acompañamiento, ponga 200 g de harina y ½ cucharadita de levadura en polvo en un tazón. Añada 1 cucharadita de semillas de hinojo molidas en un mortero con un poco de sal y pimienta. Añada 2 cucharadas de aceite de oliva; luego, mezcle poco a poco con 6 o 7 cucharadas de agua hasta que quede una masa blanda. Corte la masa en 6 partes, a continuación, haga rodar cada pieza sobre la superficie de trabajo ligeramente enharinada hasta que adopte una forma ovalada del tamaño de una mano. Cocine en una sartén precalentada durante 3 o 4 minutos por lado hasta que el pan esté tostado e inflado.

brö de carne y cebada

6 raciones
tiempo de preparación
   20 minutos
tiempo de cocción **2 horas**

25 g de **mantequilla**
250 g **de carne** para guisar,
   en dados pequeños
1 **cebolla** grande cortada fina
200 g de **colinabo**, en dados
150 g de **zanahoria** cortada
   en trocitos
100 g **cebada** perlada
2 l de **caldo de carne**
   (*véanse* págs. 11-12)
2 cucharaditas de **mostaza**
   inglesa en polvo (opcional)
sal y pimienta
perejil picado, para decorar

Caliente la mantequilla en una cacerola grande; agregue la carne y la cebolla y sofría 5 minutos, removiendo, hasta que la carne se dore y la cebolla coja color.

Mezcle con las verduras cortadas, la cebada perlada, el caldo y la mostaza. Aliñe con sal y pimienta y lleve a ebullición. Tape y cueza a fuego lento durante 1 hora y 15 minutos, removiendo de vez en cuando hasta que la carne y las verduras estén tiernas. Pruebe la condimentación y rectifique. Sirva la sopa en tazones y espolvoree con un poco de perejil picado. Sirva con la patata bien caliente.

Para preparar *brö* **de cordero y cebada**, sustituya la carne de vacuno por 250 g de solomillo de cordero en dados; fría la cebolla como se indica en la receta. Agregue la parte blanca del puerro en rodajas, 175 g de colinabo, la zanahoria y las patatas en dados; a continuación, mezcle 50 g de cebada perlada, 2 l de caldo de cordero, 2-3 ramitas de romero, sal y pimienta. Lleve a ebullición, tape y cueza a fuego lento durante 1 hora y 45 minutos. Quite el romero, agregue el puerro en rodajas finas y deje cocer 10 minutos. Reparta en los tazones con la ayuda de un cucharón, y espolvoree con un poco de romero picado para servir.

sopa de puerro y pollo

6 raciones
tiempo de preparación
30 minutos
tiempo de cocción **2 horas**

1 cucharada de **aceite
de girasol**
2 **muslos y contramuslos
de pollo**, unos 375 g
500 g de **puerros** cortados
en rodajas finas, partes blancas
y verdes separadas
3 lonchas de **panceta ahumada**,
en dados
2.5 l de **caldo de pollo**
(*véase* pág. 10)
75 g de **ciruelas**, deshuesadas
y troceadas
1 hoja de **laurel**
1 manojo grande de **tomillo**
50 g de **arroz largo**
sal y pimienta

Caliente el aceite en una cacerola grande; agregue el pollo
y déjelo dorar por un lado. Dele la vuelta y añada los puerros
en rodajas y el tocino. Fría hasta que el pollo, los puerros y el
tocino estén dorados.

Vierta el caldo; a continuación, añada las ciruelas, el laurel,
el tomillo y aliñe con sal y pimienta. Lleve a ebullición. Tape
y cueza a fuego lento durante 1 hora y 30 minutos; remueva
de vez en cuando hasta que el pollo se separe de los huesos.

Retire de la sopa el pollo, el laurel y las ramitas de tomillo
con una espumadera. Deshuese y pele el pollo, corte la carne
a trocitos. Devuélvalo a la cacerola, añada el arroz y las rodajas
de puerro. Cueza a fuego lento durante 10 minutos hasta
que el arroz y los puerros estén tiernos.

Pruebe la condimentación y rectifique si es necesario.
Sirva la sopa en tazones y con pan caliente crujiente.

Para preparar crema de pollo, utilice 2 l de caldo y omita
las ciruelas y el arroz. Añada 250 g de patatas en dados
y, una vez que hierva, deje cocer a fuego lento durante
1 hora y 30 minutos. Ponga las hierbas y bata la sopa en
la batidora o robot. Mézclela con 150 ml de leche y 150 ml
de crema de leche espesa. Caliente y sírvala con picatostes
(*véase* pág. 15).

caldo de verduras de primavera

4 raciones

tiempo de preparación
15 minutos

tiempo de cocción
30-35 minutos

2 cucharaditas de **aceite de oliva**

2 tallos de **apio**, picados con las hojas

2 **puerros**, picados

1 **zanahoria**, cortada fina

50 g de **cebada perlada**

1,2 l de **caldo de verduras** (*véase* pág. 13)

1 cucharadita de **mostaza en polvo**

125 g de **tirabeques** cortados en diagonal (opcional)

sal y pimienta

Caliente el aceite en una cacerola; agregue el apio, el puerro y la zanahoria. Deje cocer a fuego medio durante 5 minutos.

Remueva la cebada perlada en el caldo y la mostaza; salpimiente al gusto y cueza a fuego lento durante 20 o 25 minutos. Agregue los tirabeques y deje cocer a fuego lento durante 5 minutos.

Para preparar caldo de verduras de invierno, haga la sopa como se indica en la receta, utilizando un puerro picado y agregue 125 g de colinabo finamente cortado. Cueza a fuego lento 20 minutos; luego, añada 125 g de col en tiras finas en lugar de los tirabeques. Cueza a fuego lento 10 minutos y, con ayuda de un cucharón, vierta el caldo en tazones y cúbralo con dados de tocino asado crujiente.

sopa de garbanzos, tomate y cebolla

6 raciones
tiempo de preparación
15 minutos
tiempo de cocción **1 hora
y 10 minutos**

2 cucharadas de **aceite de oliva**
2 **cebollas rojas**, picadas
2 **dientes de ajo**, picados finos
2 cucharaditas de **azúcar
moreno**
625 g de **tomates**, pelados
y picados
2 cucharaditas de **pasta
harissa**
3 cucharaditas de **concentrado
de tomate de lata**
400 g de **garbanzos**, escurridos
900 ml de **caldo de verduras**
o **de pollo** (*véanse*
págs. 10 y 13)
sal y pimienta

Caliente el aceite en una cacerola grande; agregue la cebolla y sofríala a fuego lento 10 minutos. Remuévala de vez en cuando hasta que empiece a dorarse por los bordes. Agregue el ajo y el azúcar y deje cocer 10 minutos más; remueva con frecuencia hasta que la cebolla empiece a caramelizarse.

Agregue los tomates y la pasta *harissa* y fría durante 5 minutos. Mezcle el tomate concentrado, los garbanzos, el caldo, la sal, la pimienta y deje que llegue a ebullición. Tape y cueza a fuego lento durante 45 minutos hasta que los tomates y las cebollas estén tiernos. Pruebe y rectifique, si fuese necesario.

Sírvalo caliente en tazones con tomate y chapata.

Para preparar sopa fría de judías y cebolla roja, haga la sopa como se indica en la receta, pero omita la pasta *harissa* y añada 1 cucharadita de pimentón ahumado y una pequeña cantidad de guindilla roja seca al freír los tomates; a continuación, sustituya los garbanzos por la misma cantidad de judías rojas arriñonadas de lata. Sírvala con pan de ajo.

sopa de verduras con albóndigas de panceta

6 raciones

tiempo de preparación
30 minutos

tiempo de cocción
**1 hora y 15 minutos-
1 hora y 30 minutos**

50 g de **mantequilla**
1 **cebolla**, picada fina
1 **puerro**, picado, partes
blancas y verdes separadas
300 g de **collnabo** cortado
en dados
300 g de **chirivía** en dados
2 tallos de **apio** troceados
3-4 tallos de **salvia**
2,5 l de **caldo de pollo**
(*véase* pág. 10)
sal y pimienta
albóndigas
100 g de **harina con levadura**
½ cucharadita de **mostaza
inglesa** en polvo
2 cucharaditas de **salvia** picada
fina
50 g de **aceite vegetal**
2 lonchas de **panceta ahumada**,
picadas finas
4 cucharadas de **agua**

Caliente la mantequilla en una cacerola grande; agregue la cebolla y la parte blanca del puerro picadas finas y fríalas durante 5 minutos hasta que comiencen a ablandarse. Añada las verduras, la salvia, mezcle con la mantequilla, cubra y deje freír durante 10 minutos; remueva de vez en cuando.

Vierta el caldo, salpimiente y lleve a ebullición. Tape y cueza a fuego lento 45 minutos; remueva de vez en cuando hasta que las verduras estén tiernas. Retire la salvia y rectifique la condimentación, si es necesario.

Haga las albóndigas mezclando la harina, la mostaza en polvo, la salvia, el aceite vegetal y la panceta en un recipiente con un poco de sal y pimienta. Incorpore poco a poco el agua con un cuchara y luego amase con las manos hasta formar una masa blanda. Córtela en 18 partes y forme bolas pequeñas.

Mezcle el resto del puerro cortado con la sopa. Añada las albóndigas y deje cocer la sopa a fuego lento; vuelva a tapar y cueza 10 minutos más hasta que las albóndigas queden ligeras y esponjosas. Sírvala en tazones inmediatamente.

Para preparar crema de verduras de invierno, omita las albóndigas y reduzca la cantidad de caldo a 1,5 l. Cueza a fuego lento durante 45 minutos y luego vierta la sopa y pásela por la batidora. Viértala en una cacerola, agregue 300 ml de leche y caliéntela de nuevo. Sírvala en tazones con 2 cucharadas de crema de leche en forma de copete y adorne con un poco de salvia picada y unos trozos de tocino crujientes.

sopa especial de Navidad

6 raciones

tiempo de preparación **25 minutos**

tiempo de cocción **1 hora**

25 g de **mantequilla**

1 **cebolla** picada

2 lonchas de **panceta ahumada**, en dados

250 g de **patatas**, troceadas

1 l de **caldo de pollo** o **de pavo** (*véase* pág. 10)

100 g de **castañas** grandes envasadas al vacío y una pizca de **nuez moscada**

250 g de **coles de Bruselas**, en rodajas

sal y pimienta

4 lonchas de **panceta ahumada** asada y en dados, para decorar

Caliente la mantequilla en una cacerola; agregue la cebolla y sofríala 5 minutos hasta que esté tierna. Añada el tocino y las patatas y fríalas durante 5 minutos hasta que empiecen a dorarse.

Vierta el caldo, las castañas y, a continuación, la nuez moscada, la sal y la pimienta. Lleve a ebullición, tape y cueza a fuego lento durante 30 minutos. Agregue las coles en rodajas y mézclelas con el caldo; tape y cueza a fuego lento durante 5 minutos hasta que estén tiernas, pero aún conserven el color verde brillante.

Deje que la sopa se enfríe un poco; reserve unas cuantas rodajas de la col para decorar; a continuación, reduzca a puré con la batidora. Vierta en una cacerola y caliente de nuevo. Pruebe y rectifique si es necesario. Adorne con el resto de col y panceta.

Para preparar sopa de castañas y setas, omita las coles de Bruselas y añada 250 g de setas laminadas y fríalas con las patatas y la panceta 2 o 3 minutos; remueva con frecuencia. Agregue el caldo, las castañas, la nuez moscada, sal y pimienta, lleve a ebullición y cueza durante 30 minutos. Sírvala decorada con crema, panceta y castañas, tal como se indica en la receta.

harira (sopa tradicional marroquí)

8-10 raciones
tiempo de preparación
25 minutos, más tiempo
de remojo
tiempo de cocción **3 horas**

250 g de **garbanzos**, remojados
en agua fría durante toda noche
2 **pechugas de pollo**
1,2 l de **caldo de pollo**
(*véase* pág. 10)
1,2 l de **agua**
2 × 400 g de **tomate de lata**
picados
¼ de cucharadita de **azafrán**
(opcional)
2 **cebollas** picadas
125 g de **arroz de grano largo**
50 g de **lentejas verdes**
2 cucharadas de **cilantro** picado
fino
2 cucharadas **perejil** picado fino
sal y pimienta

para **decorar**
yogur natural
unas ramitas de **cilantro**

Escurra los garbanzos, enjuáguelos con agua fría y vuelva a escurrirlos. Colóquelos en una cacerola, cúbralos con 5 cm de agua y lleve a ebullición. Hierva durante 10 minutos; baje el fuego y cueza a fuego lento parcialmente cubierto hasta que se ablanden; agregue más agua si es necesario. Necesitará 1 hora y 45 minutos aproximadamente. Escurra los garbanzos y resérvelos.

Coloque la pechuga de pollo, el caldo y el agua en otra cacerola. Lleve a ebullición, baje el fuego, tape y cueza a fuego lento durante 10 o 15 minutos o hasta que el pollo esté cocido. Retire el pollo del caldo, colóquelo sobre una tabla y desmenúcelo, desechando la piel.

Reserve el pollo desmenuzado. Agregue los garbanzos, los tomates, el azafrán (si quiere), las cebollas, el arroz y las lentejas al caldo de la cacerola. Cubra ésta y cueza a fuego lento durante 30 o 35 minutos o hasta que el arroz y las lentejas estén tiernos.

Agregue el pollo desmenuzado, el cilantro y el perejil antes de servir. Caliente el caldo durante 5 minutos sin dejar que hierva. Aliñe al gusto y sirva la sopa adornada con yogur natural y ramitas de cilantro.

Para preparar *harira* económica, elabore la sopa como se indica en la receta, omitiendo la pechuga de pollo y el azafrán, agregando a cambio ½ cucharadita de cúrcuma y ½ cucharadita de canela molida.

sopa tailandesa de calabaza y cilantro

6 raciones

tiempo de preparación
25 minutos

tiempo de cocción **51 minutos**

1 cucharada de **aceite
de girasol**

1 **cebolla**, picada

3 cucharaditas de **pasta
tailandesa de curry rojo**

1-2 **dientes de ajo**, picados finos

2,5 cm de **jengibre**, pelado
y picado fino

1 **calabaza** de 750 g, sin
semillas, pelada y en dados

400 ml de **leche de coco**

750 ml de **caldo de verduras**
o **de pollo** (*véanse*
págs. 10 y 13)

2 cucharaditas de **salsa
tailandesa de pescado
con pimienta**

1 manojo pequeño de **cilantro**

Caliente el aceite en una cacerola; agregue la cebolla
y sofríala 5 minutos hasta que se ablande. Remuévala
con la pasta de curry, el ajo, el jengibre y cocínelos durante
1 minuto. A continuación, mezcle con la calabaza, la leche
de coco, el caldo y la salsa de pescado. Añada un poco de
pimienta (pero no sale, ya que la salsa de pescado contiene
sal) y luego llévelo a ebullición.

Cubra la cacerola y cueza a fuego lento durante 45 minutos;
remueva ocasionalmente hasta que la calabaza esté tierna.
Deje que se enfríe un poco. Reserve unas ramitas de cilantro
para adornar; a continuación, corte el resto en trozos y
añádalos a la sopa. Para el puré, pase la sopa por la batidora
o robot hasta que esté homogénea. Vierta de nuevo en
una cacerola y vuelva a calentar; desmenuce las ramitas
de cilantro. Sírvala en tazones.

Para preparar sopa de calabaza y jengibre, omita
la pasta tailandesa de curry, la leche de coco, la salsa de
pescado y el cilantro. Sofría una cebolla como se indica
en la receta y mezcle un ajo y un trozo de 3,5 cm de jengibre
fresco pelado y picado fino. Añada la calabaza, como
se indica en la receta, 900 ml de caldo y un poco de sal
y pimienta, y lleve a ebullición. Tape y cueza a fuego lento
durante 45 minutos; reduzca a puré y mezcle con 300 ml
de leche. Vuelva a calentar y sirva con picatostes
(*véase* pág. 15).

sopa de pimiento rojo y salsa de pesto *stifato*

6 raciones
tiempo de preparación
30 minutos
tiempo de cocción **1 hora**

4 **pimientos rojos**, partidos,
  sin membranas ni semillas
3 cucharadas de **aceite de oliva**
1 **cebolla** grande, picada fina
2-3 **dientes de ajo**, picados finos
400 g de **tomates de lata**,
  picados
900 ml de **caldo de verduras**
  o **de pollo** (*véanse* págs. 10
  y 13)
2 cucharadas de **vinagre**
  balsámico
sal y pimienta

para **decorar**
aceite de oliva
1 puñado de hojas de **albahaca**
pimienta negra

pesto *stifato*
2 barras de *stifato* o **panecillos**
  finos
2 cucharadas de **pesto**
50 g de **queso parmesano**
  rallado

Coloque los pimientos boca arriba en una placa forrada con papel de aluminio; píntelos con 2 cucharadas de aceite y, a continuación, póngalos bajo el grill 10 minutos hasta que la piel se chamusque y los pimientos estén tiernos. Enróllelos con el papel y deje que se enfríen durante 10 minutos.

Mientras, caliente el aceite restante en una cacerola; agregue la cebolla y sofríala unos 5 minutos hasta que esté blanda y dorada. Mezcle con el ajo y cueza 1 minuto mas; luego, agregue los tomates, el caldo, el vinagre, sal y pimienta.

Pele los pimientos y píquelos groseramente. Añádalos a la cacerola, tape y cueza a fuego lento durante 30 minutos. Deje que se enfríen un poco; luego páselos por la batidora o robot hasta que la mezcla esté homogénea.

Devuelva la sopa a la cacerola; caliéntela y, a continuación, rectifique el aliño si es necesario. Corte el pan en tiras largas ligeramente tostadas por ambos lados. Cubra con el pesto y el queso y pase bajo el grill hasta que se derritan. Sirva la sopa en tazones con un chorrito de aceite de oliva, unas hojas de albahaca y un poco de pimienta negra.

Para preparar sopa de pimiento rojo y judías blancas,

ase los pimientos como se indica en la receta. Pélelos y córtelos finos; a continuación, añada la cebolla frita, el tomate y el caldo. Omita el vinagre balsámico, añada 3 pizcas de azafrán y escurra los 410 g de judias blancas. Sazone, tape y cueza a fuego lento 30 minutos. Sirva la sopa sin reducirla a puré y acompañe con trocitos de pan de ajo.

caldo de carne con fideos

2 raciones
tiempo de preparación
15 minutos
tiempo de cocción **15 minutos**

300 g de **cadera** o **solomillo**
   de buey
2,5 cm de **jengibre** fresco rallado
2 cucharaditas de **salsa de soja**
50 g **fideos de arroz**
600 ml de **caldo de carne**
   o **pollo** (*véanse* págs. 10 y 12)
1 **pimiento rojo**, sin semillas
   y picado fino
1 **diente de ajo**, en rodajas finas
2 cucharaditas de **azúcar**
   blanquilla
2 cucharaditas de **aceite vegetal**
75 g de **tirabeques** cortados
   por la mitad longitudinalmente
   y un puñado pequeño
   de **albahaca tailandesa**,
   en trozos

Desgrase la carne de vacuno. Mezcle el jengibre con
1 cucharadita de salsa de soja y frote la carne por ambos
lados. Cocine los fideos según las instrucciones del envase.
Escúrralos y enjuáguelos bien con agua fría.

Caliente el caldo a fuego lento con la guindilla, el ajo
y el azúcar. Tape y cueza a fuego lento durante 5 minutos.

Caliente el aceite en una sartén de fondo grueso y fría
la carne 2 minutos por cada lado. Pase la carne a una tabla,
córtela longitudinalmente por la mitad y luego en tiras finas.

Agregue a la sopa los fideos, los tirabeques, la albahaca,
la salsa de soja y caliente suavemente durante 1 minuto.
Póngalos sobre la carne y sírvala inmediatamente.

Para preparar caldo de pollo con menta, sustituya la carne
por el mismo peso de pechugas de pollo deshuesadas
y peladas y use caldo de pollo en vez de caldo de buey.
Haga la sopa como se indica en la receta y fría el pollo
5 o 6 minutos por ambos lados hasta que quede bien
cocido. Adorne la sopa con un manojo pequeño de menta.

sopa de calabaza, col y judías variadas

6 raciones
tiempo de preparación
15 minutos
tiempo de cocción **45 minutos**

1 cucharada de **aceite de oliva**
1 **cebolla**, picada fina
2 **dientes de ajo**, picados finos
1 cucharadita de **pimentón
ahumado**
500 g de **calabaza** en rodajas,
 sin semillas, pelada y en dados
2 **zanahorias** pequeñas picadas
500 g de **tomates** pelados
 picados
410 g de mezcla de **judías
 de lata** escurridas
900 ml de **caldo de verduras**
 o **de pollo** (*véanse*
 págs. 10 y 13)
150 ml de **crema fresca**
100 g de **col rizada** cortada
 en trocitos
sal y pimienta

Caliente el aceite en una cacerola; agregue la cebolla
y sofríala durante 5 minutos. Añada el ajo, el pimentón
ahumado y cueza brevemente; a continuación, incorpore
la calabaza, las zanahorias, los tomates y las judías escurridas.

Vierta en el caldo, aliñe con sal, pimienta y llévelo a ebullición
removiendo un poco. Tape y cocine a fuego lento durante
25 minutos hasta que las verduras estén tiernas.

Mezcle la crema fresca en la sopa; a continuación, agregue
la col rizada, presionando justo debajo de la superficie del caldo.
Cubra y cueza unos 5 minutos hasta que la col se ablande.
Sírvala en tazones con pan de ajo caliente.

**Para preparar sopa de calabaza con queso, pimiento
y judías variadas,** sofría la cebolla en el aceite como
se indica en la receta, agregue el ajo, el pimentón ahumado,
la calabaza, el tomate, las judías y un pimiento rojo sin
semillas y troceado en lugar de la zanahoria. Vierta el caldo;
a continuación, añada 65 g de queso parmesano. Tape
y cueza a fuego lento durante 25 minutos. Mezcle con la
crema fresca, omita la col y sirva en tazones con una capa
de queso parmesano rallado.

sopa de romero y calabaza

4 raciones
tiempo de preparación
15 minutos
tiempo de cocción **1 hora
y 15 minutos**

1 **calabaza**
2 cucharadas de **aceite
de oliva**
unas **ramitas de romero**,
y unas cuantas más
para decorar
150 g de **lentejas rojas**,
lavadas
1 **cebolla**, picada fina
900 ml de **caldo de verduras**
(*véase* pág. 13)
sal y pimienta

Corte la calabaza por la mitad y saque las semillas y la carne fibrosa con la ayuda de una cuchara. Pele y corte la calabaza en trozos pequeños y colóquelos en la placa del horno. Espolvoree con el aceite, el romero, sal y pimienta. Ásela en el horno, precalentado a 200 °C, durante 45 minutos.

Mientras, coloque las lentejas en una cacerola, cúbralas con agua, lleve a ebullición y deje cocer rápidamente durante 10 minutos. A continuación, devuelva las lentejas a una cacerola limpia con la cebolla y el caldo y cueza a fuego lento durante 5 minutos. Salpimiente al gusto.

Saque la calabaza del horno, retire la pulpa con un tenedor y añádala a la sopa. Cueza a fuego lento durante 25 minutos y luego sírvala en unos tazones. Adorne con más romero antes de servirla.

Para preparar sopa india especiada de calabaza, ase la calabaza, cueza las lentejas y escúrralas como se indica en la receta. Caliente 1 cucharada de aceite de girasol en una sartén, agregue una cebolla picada y sofríala 5 minutos hasta que se ablande. Agregue 2 cucharadas de pasta de curry suave y un trozo de jengibre fresco de 3,5 cm finamente picado. Añada las lentejas al caldo y cuézalas a fuego lento 5 minutos. Prepare la calabaza como se indica en la receta y devuélvala a la sopa. Adorne con hojas de cilantro.

sopa de chirivías con miel

6 raciones
tiempo de preparación
   20 minutos
tiempo de preparación
   50-55 minutos

750 g de **chirivías**, en dados
2 **cebollas**, en gajos
2 cucharadas de **aceite de oliva**
2 cucharadas de **miel clara**
1 cucharadita de **cúrcuma
   mollda**
½ cucharadita de **guindillas
   secas** trituradas
3 **dientes de ajo**, troceados
1,2 l de **caldo de verduras
   o de pollo** (*véanse*
   págs. 10 y 13)
2 cucharadas de **vinagre
   de Jerez** o **sidra**
150 ml de **nata**
5 cm de **jengibre**, fresco,
   pelado y rallado
sal y pimienta
un poco de **cúrcuma**
   para decorar

Coloque las chirivías y las cebollas en una fuente grande para horno; rocíe con el aceite y la miel. Espolvoree con la cúrcuma, las guindillas picadas y el ajo.

Ase en el horno, precalentado a 190 °C, durante 45 o 50 minutos, dándoles la vuelta de vez en cuando hasta que los bordes queden dorados, pegajosos y caramelizados.

Transfiera a la fuente sobre el fuego, añada el caldo, el vinagre, la sal, la pimienta y lleve a ebullición, raspando la base del recipiente. Cueza a fuego lento durante 5 minutos.

Deje que la sopa se enfríe un poco; luego, redúzcala a puré con la batidora o robot hasta que esté homogénea. Viértala en una cacerola y caliente de nuevo. Pruebe la condimentación y rectifique. Agregue un poco más de caldo, si es necesario. Mezcle con la crema, el jengibre y la pimienta. Sirva la sopa en tazones y vierta la crema de jengibre por encima; a continuación, si le gusta, adorne con un poco de cúrcuma. Sírvala con picatostes (*véase* pág. 15).

Para preparar sopa de boniatos con miel tostada, sustituya las chirivías por boniatos; córtelos en trozos, espolvoree con 1 cucharadita de semillas de comino molido, cúrcuma, guindilla y ase como se indica en la receta. Sirva en tazones, cubra con unas cucharadas de yogur natural y vierta un poco de *chutney* de mango por encima.

sopa de chirivías con guisantes

6 raciones
tiempo de preparación
20 minutos
tiempo de cocción **1 hora
y 15 minutos**

250 g de **guisantes secos**
   remojados en agua fría
   toda la noche
300 g **chirivías**, troceadas
1 **cebolla**, picada
1, 5 l de **caldo de pollo**
   o **de verduras** (*véanse*
   págs. 10 y 13)
sal y pimienta

mantequilla de cilantro
1 cucharadita de semillas
   de **comido**, molidas
1 cucharadita de semillas
   de **cilantro**, molidas
2 **dientes de ajo**, picados finos
73 g de **mantequilla**
1 manojo pequeño de **cilantro**

Escurra los guisantes remojados y póngalos en una cacerola con las chirivías, la cebolla y el caldo. Lleve a ebullición y deje cocer durante 10 minutos. Baje el fuego, tape y cueza a fuego lento durante 1 hora hasta que los guisantes se ablanden.

Mientras, ponga la mantequilla con las semillas de cilantro y el ajo en un cazo pequeño hasta que queden ligeramente tostados. Mezcle con la mantequilla, la hojas de cilantro, y un poco de sal y pimienta. Dele forma de salchicha con un film transparente, papel de aluminio o plástico y refrigere hasta que sea necesario.

Pase la sopa por la batidora o el robot; luego vuelva a calentarla con la mitad de la mantequilla de cilantro hasta que se derrita. Añada un poco más de caldo y, si es necesario, salpimiente. Sírvala en tazones con una rebana de mantequilla de cilantro. Acompañe también con pan pita tostado.

Para preparar sopa de zanahoria y guisantes con mantequilla de guindilla, prepare la sopa con 300 g de zanahoria en dados en lugar de con las chirivías. Caliente de nuevo como se indica en la receta. Prepare la mantequilla de guindilla mezclando 75 g de mantequilla con la corteza y el zumo de 1 limón, 2 cebollas tiernas picadas y ½-1 guindilla roja picada fina.

caldo de cerveza con minialbóndigas

6 raciones

tiempo de preparación
 25 minutos
tiempo de cocción
 1 hora y 15 minutos

25 g de **mantequilla**
1 **cebolla**, picada
200 g de **patatas**, troceadas
125 g de **colinabo** o **chirivía**
 en dados
1 **zanahoria**, picada
2 **tomates**, pelados y troceados
½ **limón**
900 ml de **caldo de ternera**
 (*véase* pág. 12)
450 ml de **cerveza**
¼ de cucharadita de **canela
 en polvo**
¼ de cucharadita de **nuez
 moscada**
100 g de **col**, cortada fina
sal y pimienta

albóndigas de carne
250 g de **carne picada
 de ternera extra magra**
40 g de **arroz de grano largo**
3 cucharadas de **perejil** picado,
 y un poco más para decorar
¼ de cucharadita de **nuez
 moscada**

Caliente la mantequilla en una cacerola grande; agregue la cebolla y caliéntela durante 5 minutos hasta que los bordes estén dorados. Mezcle con las verduras picadas, el tomate y el limón.

Vierta el caldo y la cerveza; a continuación, agregue las especias y aliñe con sal y pimienta. Llévelo a ebullición, luego cubra y cueza a fuego lento durante 45 minutos.

Mientras, mezcle todos los ingredientes de las albóndigas. Divida en 18 partes y deles la forma de bolitas con las manos mojadas. Refrigere hasta que sea necesario.

Añada las albóndigas a la sopa y llévela a ebullición; tape y cueza a fuego lento durante 10 minutos. Agregue la col, cocine durante 10 minutos hasta que esté tierna y las albóndigas cocidas. Pruebe y rectifique. Vierta en platos hondos y, si le gusta, espolvoree con un poco de perejil.

Para preparar caldo de cerveza con albóndigas de manteca, sofría 500 g de cebolla en rodajas finas en la mantequilla durante 2 minutos hasta que se ablande, espolvoree con 2 cucharaditas de azúcar moreno y fría 10 minutos; remueva hasta que se caramelice. Añada las rodajas de limón, el caldo, la cerveza y las especias, prescindiendo de los tubérculos y los tomates. Cueza a fuego lento durante 20 minutos. Mezcle 100 g de harina con levadura, 50 g de manteca, 2 cucharadas de perejil picado, sal y pimienta. Remuévalo con 4 cucharadas de agua y dé forma a las albóndigas. Deje la sopa a fuego lento al menos 10 minutos y sírvala en tazones.

sopa de calabaza con queso

6 raciones
tiempo de preparación
25 minutos
tiempo de cocción **1 hora**

2 cucharadas de **aceite de oliva**
1 **cebolla**, picada
1 **calabaza**, de unos 750 g,
   cortada por la mitad, sin
   semillas, pelada y troceada
1-2 **dientes de ajo**, picados finos
2 ramitas grandes de **salvia
   fresca**
1 l de **caldo de pollo** o **verduras**
   (*véanse* págs. 10 y 13)
65 g de **cortezas de parmesano**
sal y pimienta

para **decorar**
aceite para freír
ramillete de **salvia**
corteza de queso parmesano
   rallada

Caliente el aceite en una cacerola; agregue la cebolla y fríala durante 5 minutos hasta que se ablande y empiece a dorarse. Agregue la calabaza, el ajo la salvia y fríalo todo 5 minutos.

Vierta el caldo, añada las cortezas de parmesano, sal y pimienta. Llévelo a ebullición, tape y cueza a fuego lento durante 45 minutos hasta que la calabaza esté tierna.

Saque la salvia y deséchala, haga lo mismo con las cortezas de parmesano. Deje que la sopa se enfríe un poco; luego, pase la crema por la batidora o robot hasta que quede homogénea. Caliente de nuevo en la cacerola. Añada un poco más de caldo, pruebe y, si es necesario, ajuste el condimento.

Llene con aceite la mitad de un cazo pequeño y fría un trozo de pan del día anterior una vez que el aceite este caliente. A continuación, separe las hojas de las ramitas de salvia, añádalas al aceite y fríalas unos 2 minutos hasta que queden crujientes. Sáquelas con una espumadera y escúrralas sobre papel de cocina.

Sirva la sopa en tazones, cubra con hojas crujientes de salvia y parmesano rallado. Sirva también las hojas restantes y el parmesano en otros cuencos para poder añadir a la sopa.

Para preparar sopa de calabaza de Halloween, fría la cebolla como se indica en la receta. Cuartee 1,5 kg de calabaza, despepítela, pélela, córtela en dados, agréguela a la cebolla y fríala durante 5 minutos. Añada 1 cucharadita de cilantro molido y 1 cucharadita de comino, y otra de jengibre molido en vez del ajo y la salvia; a continuación, vierta el caldo. Tape y cueza a fuego lento durante 30 minutos; luego, caliente la sopa como se indica en la receta. Sírvala con medias lunas de pan y estrellas cortadas con un cortapastas y fritas.

sopa de rabo de buey con judías

6 raciones
tiempo de preparación
25 minutos
tiempo de cocción
4 horas y 15 minutos

1 cucharada de **aceite
de girasol**
500 g **rabo de buey**
1 **cebolla**, picada fina
2 **zanahorias**, picadas
2 tallos de **apio**, picados
200 g de **patatas**, en trocitos
1 pequeño manojo de **hierbas
variadas**
2 l de **caldo de ternera**
(*véanse* págs. 12-13)
450 ml de **cerveza** fuerte
2 cucharaditas de **mostaza
inglesa en polvo**
2 cucharadas de **salsa
worcester**
1 cucharada de **tomate
concentrado**
410 g de **judías de lata blancas
mantequeras** escurridas
sal y pimienta
perejil picado para decorar

Caliente el aceite en una cacerola grande; añada los trozos
de rabo de buey y fríalos hasta que estén dorados de un lado;
agregue también una cebolla, remueva hasta que se dore
por todos lados. Agregue las zanahorias, el apio, las patatas,
las hierbas y cueza 2 o 3 minutos.

Vierta el caldo y la cerveza; a continuación, añada la mostaza,
la salsa worcester, el tomate concentrado y las judías.
Condimente con sal, pimienta y lleve a ebullición removiendo
de vez en cuando. Tape a medias y cueza a fuego lento
durante 4 horas.

Retire el rabo de buey y las hierbas del recipiente con
una espumadera. Deseche las hierbas, separe la carne de
los huesos y elimine la grasa. Ponga la carne en la cacerola
y caliéntela modificando la condimentación, si fuese necesario.
Sirva en tazones, espolvoree con un poco de perejil picado
y pan crujiente.

Para preparar sopa de judías rojas y rabo de buey,
prescinda del manojo de hierbas y en su lugar ponga
2 dientes de ajo finamente picados, 2 hojas de laurel,
1 cucharadita de guindilla picante en polvo, 1 cucharadita
de semillas de comino y 1 cucharadita de semillas de cilantro.
A continuación, añada el caldo de carne, 400 g de tomates
picados, 1 cucharada de tomate concentrado y 410 g
de judías rojas de lata. Lleve a ebullición, a fuego lento,
como se indica en la receta.

sopa de col con picatostes de ajo

8-10 raciones
tiempo de preparación
  20-25 minutos
tiempo de cocción **50 minutos**

50 g de **mantequilla** o margarina
1 **cebolla**, picada
2 **zanahorias**, en trocitos
500 g de **col rizada**, sin las
  nervaduras y desmenuzada
1,2 l de **agua**
600 ml de **caldo de verduras**
  (*véase* pág. 13)
1 cucharada de **zumo de limón**
300 g de **patatas**, peladas
  y troceadas
1 pizca de **nuez moscada**
  rallada
sal y pimienta
2 hojas de **col rizada**, en tiras
  para decorar

picatostes de ajo
6-8 rebanadas de **pan blanco**
  o **integral sin la corteza**
6-8 cucharadas de **aceite**
  de oliva
3 **dientes de ajo**, picados

Derrita la mantequilla o la margarina en una cacerola grande; agregue la cebolla y sofríala 5 minutos hasta que esté blanda y empiece a dorarse. Agregue la zanahoria y la col rizada removiéndolas todo el tiempo y cueza durante 2 minutos.

Añada el agua, el caldo, el zumo de limón, las patatas, la nuez moscada, sal y pimienta. Lleve a ebullición, remueva de vez en cuando. Baje el fuego, tape y cueza a fuego lento 35 minutos o hasta que la verduras estén blandas. Póngalo todo en la batidora o robot; agregue más agua si quedara demasiado espeso.

Prepare los picatostes cortando el pan en dados de 1 cm. Caliente el aceite en una sartén grande; agregue el ajo y fríalo a fuego medio 1 minuto. Añada los trocitos de pan y fríalos, dándoles la vuelta frecuentemente, hasta que estén dorados. Retire los picatostes con una espumadera y déjelos sobre papel de cocina. Retire el ajo; luego, agregue la col picada a la sartén y fríala, sin parar de remover hasta que esté crujiente.

Pruebe la sopa y rectifique si es necesario. Sírvala caliente con los picatostes de ajo y col rizada crujiente.

Para preparar sopa de col especiada, fría la cebolla como se indica en la receta; agregue la zanahoria y la col rizada, luego añada 1 cucharada de pimentón ahumado, unos dientes de ajo picados y ¼ de cucharadita de guindilla roja seca triturada para freír los picatostes.

algo especial

bullabesa fácil

6 raciones

tiempo de preparación
15 minutos

tiempo de cocción **30 minutos**

2 cucharaditas de **aceite
de oliva**

1 **cebolla** grande, picada fina

1 **puerro** en rodajas finas

2 pizcas grandes de **hebras
de azafrán**

2 **dientes de ajo**, picados finos

500 g de **tomates** sin piel
y groseramente picados

150 ml de **vino blanco seco**

600 ml de **caldo de pescado**
(*véanse* págs. 12-13)

2-3 hojas de **tomillo**

500 g de **pescado blanco**
(rape, merluza, abadejo o
bacalao), sin piel y en dados

400 g de **pescados** y **mariscos**
descongelados

sal y pimienta

½ **pan francés** pequeño,
en rodajas y tostado

Caliente el aceite en una cacerola grande; agregue la cebolla
y el puerro y caliéntelos 5 minutos. Remueva hasta que se
ablanden. Mientras tanto, remoje el azafrán en 1 cucharada
de agua hirviendo.

Agregue el ajo y los tomates al recipiente, deje que se frían
durante 2 o 3 minutos y mézclelos con el azafrán, el vino,
el caldo, el tomillo y un poco de sal y pimienta. Tape y cueza
a fuego lento durante 10 minutos.

Agregue el pescado blanco, tape de nuevo y cocínelo a fuego
lento durante 3 minutos. Añada la mezcla de mariscos, vuelva
a tapar y cueza a fuego lento 5 minutos más hasta que todo
el pescado esté cocido. Sirva en tazones con pan tostado
con unas cucharadas de *rouille* (*véase* inferior).

Para preparar *rouille* casera, como acompañamiento,
ponga 3 pimientos rojos de bote asados en la batidora o robot
con 2-3 dientes de ajo, 1 cucharadita de guindilla roja de un
tarro picada fina, 1 rebanada de pan blanco troceada, 1 pizca
de azafrán remojado en 1 cucharada de agua hirviendo y
3 cucharadas de aceite de oliva. Mezcle con una cuchara
en un cuenco pequeño.

sopa de calabaza, naranjas y anís estrellado

6 raciones
tiempo de preparación
25 minutos
tiempo de cocción **50 minutos**

25 g de **mantequilla**
1 **cebolla** picada
1 **calabaza** pequeña de 1,5 kg
    más o menos, sin semillas,
    pelada y troceada
zumo de 2 **naranjas** pequeñas
    peladas, la corteza reservada
1 l de **caldo de verduras** o **de
pollo** (*véanse* págs. 10 y 13)
3 **anises estrellados** y otra
    cantidad similar reservada
    para decorar
sal y pimienta
pimienta negra molida,
    para decorar (opcional)

Caliente la mantequilla en una cacerola grande; agregue la cebolla y sofríala 5 minutos hasta que se ablande. Agregue la calabaza, mézclela con la mantequilla y fríala 5 minutos removiendo de vez en cuando.

Mezcle la cáscara de naranja y el zumo, el anís y el caldo. Condimente con sal y pimienta y lleve a ebullición. Tape y cueza a fuego lento durante 30 minutos; remueva de vez en cuando hasta que la calabaza esté tierna. Saque el anís estrellado y guárdelo.

Deje que la sopa se enfríe un poco; luego, pásela en la batidora o robot hasta que esté lisa. Viértala en una cacerola y caliéntela de nuevo. Pruebe la condimentación y rectifique si es necesario.

Sírvala en tazones y decore con un anís estrellado entero y pimienta negra espolvoreada o agregue una rodaja de naranja y mantequilla de guindilla. Sírvala con pan de sésamo.

Para preparar mantequilla casera de guindilla y naranja, como acompañamiento, mezcle 75 g de mantequilla con la ralladura de una naranja, una guindilla roja pelada sin semillas, una pizca de cúrcuma molida y una pizca de clavo; enrolle como si fuera una salchicha y envuelva con film transparente. A continuación, enfríe, desenvuelva, corte y añada a la sopa antes de servirla.

sopa de coliflor y jengibre

6 raciones
tiempo de preparación
25 minutos
tiempo de cocción **25 minutos**

1 cucharada de **aceite girasol**
25 g de **mantequilla**
1 **cebolla**, picada gruesa
1 **coliflor** de unos 500 g, cortada
  en ramitos
3,5 cm de **jengibre** fresco,
  pelado y picado fino
900 ml de **caldo verduras**
  o **de pollo** (*véanse*
  págs. 10 y 13)
300 ml de **leche**
150 ml de **crema de leche**
  espesa
sal y pimienta

semillas de soja glaseadas
1 cucharada de **aceite**
  de girasol
2 cucharadas de **semillas**
  de sésamo
2 cucharadas de **semillas**
  de girasol
2 cucharadas de **semillas**
  de calabaza
1 cucharada de **salsa de soja**

Caliente el aceite y la mantequilla en una cacerola; agregue la cebolla y fríala durante 5 minutos hasta que se ablande pero sin tostarse. Añada la coliflor, el jengibre y el caldo. Condimente con sal y pimienta y lleve a ebullición. Tape y cueza a fuego lento durante 15 minutos hasta que la coliflor esté tierna.

Mientras, prepare las semillas glaseadas y cocínelas durante 2 o 3 minutos, removiéndolas hasta que queden ligeramente doradas. Añada la salsa de soja; luego tape hasta que las semillas dejen de chisporrotear. Aparte hasta que la sopa esté lista.

Vierta la sopa y pásela por la batidora o robot; a continuación, viértala en una cacerola, agregue la leche y la mitad de la crema. Lleve a ebullición, seguidamente rectifique la condimentación, si es necesario.

Sirva la sopa en platos hondos y vierta un poco de crema de leche espolvoreada con algunas semillas glaseadas; reserve unas cuantas para más tarde.

Para preparar crema de coliflor y anacardo cremosa, caliente el aceite y la mantequilla como se indica en la receta, agregue la cebolla picada, 50 g de anacardos y fría hasta que la cebolla esté tierna. Mezcle con el caldo los ramitos de coliflor como se ha indicado; a continuación, condimente con sal, pimienta y un poco de nuez moscada rallada. Cueza a fuego lento durante 15 minutos. Vierta la leche y la crema. Decore con 50 g de anacardos fritos en 15 g de mantequilla hasta que esté ligeramente dorado; luego, cueza 1 o 2 minutos más con 1 cucharada de miel hasta que estén dorados y caramelizados.

bullabesa de espinacas

6 raciones
tiempo de preparación
15 minutos
tiempo de cocción
unos 30 minutos

2 cucharadas de **aceite de oliva**
1 **cebolla**, picada fina
1 **bulbo de hinojo**, picado
400 g de **patatas**
4 **dientes de ajo**, picados finos
3 pellizcos grandes de **hebras de azafrán**
1,8 l de **caldo de verduras** o **de pollo** (*véanse* págs. 10 y 13)
150 ml de **vino blanco seco**
125 g de **hojas de espinaca** pequeña, lavadas y enjuagadas
6 **huevos**
sal y pimienta

Caliente el aceite en una cacerola grande (o una sartén honda); agregue la cebolla y fríala durante 5 minutos hasta que se ablande. Añada el hinojo, reservando un poco para más tarde, las patatas y el ajo, y fríalo todo durante 5 minutos más, removiendo de vez en cuando.

Mezcle el azafrán con el caldo y el vino blanco; condimente con sal y pimienta y lleve a ebullición. Tape y cueza durante 15 minutos, removiendo hasta que las patatas estén tiernas.

Agregue las espinacas, desmenuce las hojas más grandes y cuézalas durante 2 o 3 minutos hasta que empiecen a pocharse. Pruebe la condimentación y rectifique, si es necesario. Saque la mayor parte de las verduras con una espumadera y repártalas en diferentes platos hondos. Agregue los huevos a la sopa, dejando un poco de espacio y cuézalos a fuego lento entre 3 y 4 minutos hasta que las claras cuajen y las yemas estén a su gusto.

Retire los huevos calentados de la sopa con cuidado, con la ayuda de una espumadera y colóquelos sobre las verduras. Eche el caldo alrededor de los huevos, ponga las hojas de hinojo que reservó anteriormente y espolvoree con pimienta negra. Sírvala con tostadas de pan chapata de oliva.

Para preparar crema de hinojo y espinacas, haga la sopa como se indica en la receta con 1,2 l de caldo y 150 ml de vino blanco. Pase la sopa por la batidora o robot cuando las espinacas estén blandas. Recaliéntela, prescindiendo de los huevos; sírvala cubierta con unas cucharadas de crema acidificada y unas hojas de hinojo o eneldo.

sopa de apio y manzana

6 raciones
tiempo de preparación
25 minutos
tiempo de cocción
unos **40 minutos**

25 g de **mantequilla**
1 **cebolla** picada
1 **patata**, de unos 250 g,
en dados
1 **manzana**, de unos 250 g,
pelada, en trozos y sin
el corazón
1 **corazón de apio**, con la base
cortada
550 ml de **caldo de pollo**
o **de verduras** (*véanse*
págs. 10 y 13)
300 ml de **leche**
sal y pimienta

crema de queso con nueces
(queso azul)
50 g de **stilton**, sin la corteza
y en dados
25 g de **nueces,** picadas
6 cucharadas de **crema
acidificada**
2 cucharadas de **cebollino**
picado o 2 **cebollas
tiernas** picadas

Caliente la mantequilla en una cacerola; añada la cebolla
y fría durante 5 minutos hasta que empiece a ablandarse.
Añada la patata y la manzana, y tape y fría durante 10 minutos,
removiendo de vez en cuando.

Reserve las hojas de apio pequeñas en un recipiente lleno
de agua fría hasta que las necesite. Trocee los tallos y añada,
junto con las hojas más grandes, a la cebolla, y fría durante
2 o 3 minutos. Vierta el caldo junto la sal y la pimienta, y lleve
a ebullición. Tape y cueza a fuego lento durante 15 minutos
hasta que el apio quede blando, pero conservando su color
verde pálido.

Páselo todo por la batidora o robot hasta que esté blando.
Vuelva a la cacerola, agregue la leche y luego caliéntelo.
Pruebe la condimentación y rectifique si es necesario.

Mezcle la mitad del queso en dados y la otra mitad de las
nueces en la crema fresca, añada el cebollino y un poco
de sal y pimienta. Sirva en platos poco profundos y, a
continuación, ponga 1 cucharada de crema acidificada en
el centro. Espolvoree el resto del queso y las nueces y añada
un poco de pimienta negra.

Para preparar sopa de chirivía y manzana, prescinda
de la patata y del apio y añada 625 g de chirivías en dados
al freír la manzana. Agregue 1 ½ cucharaditas de semillas
de comino picado y ½ cucharadita de cúrcuma; añada
900 ml de caldo de verduras o de pollo y condimente. Lleve
a ebullición, tape y cueza a fuego lento durante 45 minutos.
Páselo por el pasapurés y caliéntelo con la leche. Prepare
la mezcla de stilton y la crema acidificada como se indica
en la receta y añada ½ cucharadita de guindilla roja picada en
lugar de nueces.

sopa oriental de mejillones

4 raciones

tiempo de preparación
25 minutos

tiempo de cocción
20-25 minutos

1 cucharada de **aceite
de girasol**

3 **cebollas tiernas**, picadas

½ **pimiento rojo**, sin semillas
y cortados en trocitos

1 **diente de ajo**, picado fino

2,5 cm de **jengibre** fresco,
pelado y rallado

3 cucharaditas de **pasta
de curry rojo tailandés**

400 ml de **leche de coco**

450 ml de **caldo de pescado**
o **de verduras** (*véase* pág. 13)

2 cucharaditas de **salsa
de pescado tailandesa**

ralladura de una **lima**

un manojo pequeño de **cilantro**

500 g de **mejillones**, sin
la barba, retirados los
agrietados y los abiertos

Caliente el aceite en una cacerola poco profunda; agregue
las cebollas tiernas, el pimiento rojo, el ajo, el jengibre y
fría durante 2 minutos. Mezcle con la pasta de curry y cueza
durante 1 minuto; luego, agregue la leche de coco, el caldo,
la salsa de pescado y la ralladura de lima. Lleve todo
a ebullición y cueza a fuego lento durante 5 minutos.

Recorte la mitad del cilantro con unas tijeras sobre la sopa.
Añada los mejillones; a continuación, tape y déjelos cocer
de 8 a 10 minutos hasta que se abran.

Retire los mejillones de la sopa con una espumadera
y póngalos en un plato grande. Separe los mejillones de
las conchas y guarde algunos con las conchas para la
guarnición. Incorpore los mejillones y mézclelos con la sopa.
Sírvala en tazones, agregue los mejillones reservados para
la guarnición y adorne con el cilantro restante. Sirva la sopa
con pan caliente crujiente mojándolo en la sopa.

Para preparar sopa de mejillones y azafrán, sofría
3 cebollas tiernas en rodajas, 2 dientes de ajo picados
finos, ½ guindilla roja sin semillas y cortada en trozos grandes,
½ pimiento rojo, ½ pimiento amarillo o naranja, sin semillas
y picado y 1 cucharada de aceite de oliva hasta que todo
se ablande. Añada 3 pizcas grandes de hebras de azafrán,
150 ml de vino blanco y 750 ml de caldo de pescado o de
verduras. Condimente con sal y pimienta, y cueza a fuego
lento 5 minutos. Añada los mejillones como se indica en la
receta, cubra y cueza a fuego lento hasta que las conchas
se hallan abierto. Sírvala en platos hondos adornada
con perejil.

bisque de cangrejo

6 raciones
tiempo de preparación
20 minutos
tiempo de cocción **25 minutos**

25 g de **mantequilla**
1 **cebolla**, picada
2 cucharadas de **brandy**
40 g de **arroz largo**
300 ml de **caldo de pescado**
(*véanse* págs. 12-13)
150 g **carne de cangrejo**, y algo
más para decorar (opcional)
2 **filetes de anchoas de lata**,
escurridos y picados
½ cucharadita de **pimentón
molido**
200 ml de **crema de leche
espesa**
sal y pimienta de Cayena

Caliente la mantequilla en una cacerola; agregue la cebolla y sofríala 5 minutos hasta que esté tierna. Al verter el brandy, vigile y haga un paso atrás. Tan pronto como las llamas hayan desaparecido, remueva con el arroz y añada el caldo.

Mezcle la carne del cangrejo con las anchoas picadas y el pimentón. Condimente con un poco de sal y pimienta de Cayena y, a continuación, lleve a ebullición.

Deje que la sopa se enfríe un poco y pásela por la batidora o robot. Vierta en una cacerola, agregue la leche y la crema. Vuelva a calentar, con cuidado al llevarla a ebullición; déjela a fuego lento, removiendo. Pruebe la condimentación y rectifique, si es necesario.

Vierta la mezcla en tazas de té. Seleccione la carne del cangrejo adicional (si se utiliza) y córtela en pedazos. Sírvala en una fuente aparte para los comensales que quieran espolvorearla sobre la sopa y decórela con un poquito más de pimentón.

Para preparar caldereta de cangrejo y salmón, sofría la cebolla en la mantequilla como se indica en la receta. Añada 200 g de patatas en dados y fríalos durante 5 minutos. Vierta 2 cucharadas de brandy como se ha indicado. Mezcle 600 ml de caldo de pescado, la carne del cangrejo, las anchoas y el pimentón. Tape y cueza a fuego lento durante 15 minutos. Añada 300 g de filete de salmón cortado en rodajas gruesas, tape y cueza a fuego lento durante 10 minutos. Quite la piel del salmón y deseche las espinas; devuelva el salmón a la sopa, añada 200 ml de leche y 150 ml de crema de leche espesa. Vuelva a calentar y sirva.

sopa de espinacas con abadejo

6 raciones

tiempo de preparación **30 minutos**

tiempo de cocción **1 hora**

25 g de **mantequilla**

1 **cebolla**, picada

1 **patata** de 250 g, picada

1 l de **caldo de verduras** o **caldo de pollo** (*véanse* págs. 10 y 13)

¼ de cucharadita de **nuez moscada**

225 g hojas de **espinacas** pequeñas, limpias y escurridas

300 ml de **leche**

400 g de **abadejo ahumado**

9 **huevos de codorniz**

2 **yemas de huevo de gallina**

150 ml de **crema de leche espesa**

sal y pimienta

Caliente la mantequilla en una cacerola; agregue la cebolla y sofríala 5 minutos hasta que se ablande. Añada la patata, tape y cueza 10 minutos, removiendo de vez en cuando.

Vierta el caldo, agregue la nuez moscada, la sal y la pimienta y lleve a ebullición. Tape y cueza a fuego lento 20 minutos hasta que la patata esté blanda. Reserve unas hojas de espinacas pequeñas y añada el resto a la cacerola. Vuelva a taparla y cueza unos 5 minutos hasta que se ablanden.

Reduzca la sopa a puré en la batidora o robot de cocina hasta que esté homogénea. Luego viértala en una cacerola, mezcle con la leche y aparte.

Corte el abadejo en dos partes, cuézalas en la vaporera durante 8 o 10 minutos, hasta que el pescado se separe en lascas al apretarlo con un cuchillo. Ponga los huevos de codorniz en un cazo con agua fría, lleve a ebullición durante 2 o 3 minutos, escúrralos, y pélelos.

Mezcle las 2 yemas de huevo de gallina con la crema de leche espesa. Remueva, lleve a ebullición y siga removiendo. Pruebe la condimentación y rectifique, si es necesario. Desmenuce el pescado, desechando la piel y las espinas, haga 6 pequeños montículos en la base de platos hondos y cúbralos con los huevos de codorniz. Sirva la sopa alrededor del pescado y los huevos y decore con una hoja de espinaca pequeña y pimienta.

Para preparar crema de ortigas, prepare la sopa como se indica en la receta con 200 g de ortigas en lugar de las espinacas. (Recoja las ortigas utilizando guantes de goma y enjuáguelas bien con agua fría.) Pase la sopa por la batidora o robot con la leche, las yemas de huevo y la crema como se indica en la receta. Decore con jamón en dados.

sopa suave de zanahoria con aceite de menta

6 raciones

tiempo de preparación
20 minutos

tiempo de cocción **1 hora-
1 hora y 15 minutos**

2 cucharadas de **aceite de** oliva
1 **cebolla**, picada
750 g de **zanahorias** picadas
40 g de **arroz largo**
1 l de **caldo de verduras**
  o **de pollo** (*véanse*
  págs. 10 y 13)
300 ml de **leche**
aceite de menta
15 g de **menta fresca**
¼ de cucharadita de **azúcar
  blanquilla**
3 cucharadas de **aceite de oliva**
sal y pimienta

Caliente el aceite en una cacerola; agregue la cebolla y fríala 5 minutos hasta que apenas comience a ablandarse y a dorarse por los bordes. Agregue las zanahorias y cueza 5 minutos. Mezcle con el arroz, el caldo y un poco de sal y pimienta. Lleve a ebullición, tape y cueza a fuego lento durante 45 minutos, removiendo de vez en cuando hasta que las zanahorias estén tiernas.

Mientras, prepare el aceite de menta. Separe las hojas de menta de los tallos y póngalas en la batidora o robot con el azúcar y un poco de pimienta. Bata y, poco a poco, vaya echando el aceite sin parar el motor. Vierta en un cuenco antes de servir.

Enjuague la batidora o robot; a continuación, bata la crema por tandas hasta que esté lisa. Devuélvala a la cacerola y agregue la leche. A continuación, caliente y rectifique la condimentación, si es necesario. Sírvala en tazones, rocíe con el aceite de menta y añada hojas menta adicionales si lo desea. Sírvala con *muffins*.

Para preparar *muffins* **de calabacín**, como acompañamiento, ponga 300 g de harina con levadura en un cuenco y añada 3 cucharaditas de levadura en polvo, 75 g de queso parmesano recién rallado, 200 g de calabacín rallado grueso, 150 ml de yogur natural desnatado, 3 cucharadas de aceite de oliva, 3 huevos y 3 cucharadas de leche. Mézclelo todo y póngalo en 12 moldes para pastelitos forrados con moldes de papel. Cuézalos en el horno, precalentado a unos 200 °C, durante 18 o 20 minutos hasta que estén hinchados y dorados. Sírvalos calientes.

sopa de almejas, patatas y judías

6 raciones
tiempo de preparación
  30 minutos
tiempo de cocción **45 minutos**

2 cucharadas de **aceite de oliva**
125 g de **panceta ahumada**
  troceada
1 **cebolla**, picada
375 g de **patatas**, picadas
1 **puerro**, picado
2 **dientes de ajo**, picados
1 cucharada de **romero**, picado
2 hojas de **laurel**
400 g de **judías blancas**
900 ml de **caldo de verduras**
  (*véase* pág. 13)
1 kg de **almejas** pequeñas
  o **mejillones**
sal y pimienta

aceite de ajo y perejil
150 ml de **aceite de oliva**
  extra virgen
2 **dientes de ajos**, picados
¼ de cucharadita de **sal**
1 cucharada de **perejil** picado

Caliente el aceite en una cacerola grande y fría la panceta durante 5 minutos hasta que esté dorada. Retírela con una espumadera y resérvela. Añada a la cacerola la cebolla, las patatas, el puerro, el ajo, el romero, las hojas de laurel y sofría 10 minutos hasta que se ablanden. Agregue las judías y el caldo; lleve a ebullición y cueza a fuego lento durante 20 minutos, hasta que las verduras estén tiernas.

Mientras, prepare el aceite de ajo y perejil. Caliente el aceite con el ajo y la sal en un cazo pequeño y cueza a fuego lento durante 3 minutos. Deje enfriar, y mezcle con el perejil. Reserve.

Pase la mitad de la sopa a la batidora o robot hasta que esté homogénea; viértala de nuevo en la cacerola y condimente con sal y pimienta. Agregue las almejas o mejillones y ponga la panceta en la sopa. Cuézala a fuego lento durante 5 minutos hasta que el marisco se abra (retire aquellos que no se hayan abierto). Vierta la sopa en tazones, rocíe con el aceite de ajo y perejil y sírvala con un poco de pan crujiente.

Para preparar sopa de almejas, tomate y judías blancas,
fría 125 g de chorizo troceado en el aceite, en vez de la panceta, escurra y reserve. Sofría la cebolla, la patata, el ajo, el puerro y las hierbas; a continuación, agregue 4 tomates grandes cortados en trocitos, las judías y el caldo. Deje cocer a fuego lento durante 20 minutos. Pase la mitad de la sopa por la batidora y añada el chorizo frito y el marisco. Cueza y sirva como se indica en la receta con el aceite de ajo y perejil.

pollo y estragón con hojaldre

6 raciones

tiempo de preparación
40 minutos

tiempo de cocción
1 hora y 45 minutos

6 **muslos de pollo**
1 **zanahoria**, en rodajas
2 tallos de **apio**, en rodajas
200 g de **puerro**, en rodajas,
la parte blanca separada
de la verde
900 ml de **caldo de pollo**
(*véase* pág. 10)
200 ml de **vino blanco**
50 g de **mantequilla**
25 g de **harina**
ralladura de ½ **naranja**
2 cucharaditas de **mostaza
de Dijon**
1 cucharada de **estragón** picado
425 g de láminas de **hojaldre**,
previamente descongeladas
1 **huevo**, batido, para glasear
sal y pimienta

Ponga los muslos de pollo en una cacerola grande con la zanahoria, el apio y la parte blanca de los puerros en rodajas. Añada el caldo, el vino, la sal y la pimienta. Lleve a ebullición, tape y cueza a fuego lento durante 1 hora hasta que el pollo esté muy tierno.

Cuele el caldo de pollo sobre un recipiente; retire el pollo y las verduras; a continuación, transfiera el pollo a una tabla de cortar y córtelo en trozos pequeños desechando la piel, los huesos y las verduras. Si el caldo supera los 900 ml, devuélvalo a la cacerola y déjelo hervir a fuego vivo hasta que se reduzca.

Derrita la mantequilla en un cazo pequeño, añada la parte verde de los puerros en rodajas y fríalos durante 2 o 3 minutos hasta que queden blandos. Incorpore poco a poco la harina mezclándola con el caldo colado y llévelo a ebullición; remuévalo hasta que se haya espesado ligeramente. Agregue la cáscara de naranja, la mostaza y el estragón. Pruebe la condimentación y rectifique, si es necesario. Reparta el pollo troceado en 6 platos aptos para horno de 300 ml y llénelos con la sopa hasta ¾ de su capacidad (podrían desbordarse durante la cocción).

Desenrolle la masa, corte 6 círculos ligeramente más grandes que los platos; a continuación, forme 6 tiras largas de 1 cm de ancho a partir de los recortes. Pinte las tiras con un poco de huevo, así se adhieren mejor al plato; a continuación, píntelos con huevo antes de ponerles la tapa. Apriete la masa por los bordes y trace unas líneas por encima. Espolvoree con un poco de sal y hornee 20 o 25 minutos en el horno, precalentado a 200 °C, hasta que el hojaldre esté dorado y la sopa empiece a hervir. Póngala sobre platos pequeños y sírvala de inmediato.

sopa de lentejas, venado y vino tinto

6 raciones
tiempo de preparación
20 minutos
tiempo de cocción
1 hora y 30 minutos

6 salchichas **de venado**
1 cucharada de **aceite de oliva**
1 **cebolla**, picada
2 **dientes de ajo**, picados finos
200 g de **patatas**, troceadas
1 **zanahoria**, en dados
4 **tomates** pelados, si lo desea,
   picados finos
125 g de **lentejas verdes**
300 ml de **vino tinto**
1,5 l de **caldo de ternera**
   o **de faisán** (*véanse*
   págs. 11 y 12)
2 cucharadas de **salsa**
   de arándanos
1 cucharadita de **puré**
   de tomate concentrado
1 cucharadita de **pimienta**
   de Jamaica
1 ramita de **tomillo**
2 hojas de **laurel**
sal y pimienta

Ase las salchichas al grill hasta que queden doradas y cocidas.
Mientras tanto, caliente el aceite en una cacerola grande,
agregue la cebolla y sofríala durante 5 minutos hasta que
se ablande y empiece a dorarse. Añada la patata, el ajo, la
zanahoria y fríalos brevemente; a continuación, mézclelos
con los tomates y las lentejas.

Vierta por encima el caldo, el vino, la salsa de arándanos,
el tomate concentrado, la pimienta y las hierbas. Salpimiente,
a continuación, corte las salchichas y añádalas al recipiente.
Lleve a ebullición removiendo; luego, cubra y cueza a fuego
lento durante 1 hora y 15 minutos. Pruebe la condimentación
y rectifique, si es necesario.

Sírvala en tazones con picatostes de pan francés (*véase*
pág. 15); frótelos con un poco de ajo y espolvoree con perejil.

Para preparar sopa de faisán, tocino y salchicha, prescinda
de las salchichas, añada 150 g de panceta ahumada al freir
la cebolla. Utilice 125 g de salchicha negra en dados y la
carne restante de un faisán asado junto con las patatas,
la zanahoria, el tomate y las lentejas. Siga las indicaciones
anteriores, añadiendo caldo de faisán, en lugar del de ternera.

sopa de setas con madeira

6 raciones

tiempo de preparación
30 minutos

tiempo de cocción **40 minutos**

50 g de **mantequilla**

1 cucharada de **aceite de oliva**

1 **cebolla** picada

400 g de **setas**, en rodajas

2 **orellanas**, en tiras

125 ml de **madeira** o jerez

900 ml de **caldo de pollo**
 o **caldo de verduras** (*véanse*
 págs. 10 y 13)

40 g de **arroz largo**

2 ramas de **tomillo**

450 ml de **leche**

150 ml de **crema de leche
espesa**

sal y pimienta

para **decorar**

25 g de **mantequilla**

250 g de **setas silvestres**

unas hojas de **tomillo** extra
 para decorar

Caliente la mantequilla y el aceite en una cacerola grande; agregue la cebolla y sofríala 5 minutos hasta que esté dorada por los bordes. Agregue las setas y el ajo y sofríalos durante 2 o 3 minutos hasta que se doren. Añada el madeira, el caldo, el arroz, el tomillo y, a continuación, condimente con sal y pimienta y lleve a ebullición. Tape y cueza a fuego lento durante 30 minutos.

Deje que la sopa se enfríe un poco y deseche las ramitas de tomillo. Pase la sopa por la batidora o robot hasta que quede lisa. Devuélvala a la cacerola, agregue la leche y la crema. Vuelva a calentarla, sin dejarla hervir; a continuación, rectifique la condimentación, si es necesario.

Prepare la guarnición calentando el resto de la mantequilla en una sartén grande y corte las setas silvestres; a continuación, añádalas al recipiente y fríalas durante 2 minutos hasta que estén doradas. Sirva la sopa en platos hondos con 1 cucharada de setas en el centro. Adorne con unas hojas de tomillo y sírvala con unos bollitos (*véase* inferior).

Para preparar bollos de nueces, como acompañamiento, mezcle 50 g de mantequilla con 250 g de harina con levadura, salpimiente y añada 50 g de nueces picadas, 2 cucharaditas de hojas de tomillo y 75 g de queso cheddar rallado. Mezcle con ½ huevo batido y 8-10 cucharadas de leche hasta formar una masa blanda. Amásela ligeramente y forme 6 círculos de 2,5 cm. Póngalos en una placa de horno, píntelos con el resto del huevo y hornéelos en el horno, precalentado a 200 °C, durante 10 o 12 minutos. Sírvalos calientes.

sopa de castañas con aceite de trufa

6 raciones
tiempo de preparación
30 minutos
tiempo de cocción **1 hora
y 15 minutos**

500 g de **castañas frescas**
50 g de **mantequilla**
1 **cebolla**, finamente picada
10 lonchas de **panceta
ahumada**
200 g de **patatas**, troceadas
4 cucharadas de **brandy**
y un poco más para servir
900 ml de **caldo de faisán**
o **caldo de ternera**
(*véase* págs. 11 y 12)
1 hoja de **tomillo** fresco
1 pizca de **canela en polvo**
sal y pimienta
un poco de **aceite de trufa**,
para servir (opcional)

Haga un corte transversal en la parte superior de cada castaña y póngalas en un cazo de agua hirviendo durante 15 minutos. Escúrralas y enjuáguelas con agua fría para manipularlas; a continuación, pélelas con un cuchillo afilado y córtelas en trozos pequeños.

Caliente la mantequilla en una cacerola; agregue la cebolla y sofríala 5 minutos hasta que apenas comience a dorarse. Fría. Añada 4 lonchas de panceta, las patatas y las castañas. Fría 5 minutos, removiendo de vez en cuando.

Agregue el brandy; enciéndalo con una vela larga y retroceda rápidamente. Tan pronto como las llamas desaparezcan, vierta el caldo. Agregue el tomillo, las especias y los condimentos y lleve a ebullición. Tape y cueza a fuego lento durante 45 minutos.

Descarte la ramita de tomillo y pase la mitad de la sopa por la batidora o robot hasta que quede lisa. Devuelva la sopa a la cacerola y caliéntela de nuevo. Pruebe la condimentación y rectifique, si es necesario. Envuelva cada loncha de panceta restante alrededor de un pincho y áselas al grill hasta que queden crujientes. Sirva la sopa en tazones y cúbrala con los pinchos de panceta. Rocíe con el aceite de trufa, el brandy y añada un poco más si lo desea.

Para preparar sopa de apionabo y nueces, fría la cebolla en la mantequilla como se indica en la receta. Añada 4 dados de lonchas de panceta ahumada, 375 g de apionabo pelado picado, en lugar de las patatas, y 200 g de nueces. Caliente durante 5 minutos. Omita el brandy, mezcle con el caldo, el tomillo las especias y cueza a fuego lento durante 45 minutos. Agregue más caldo si fuese necesario. Caliente la sopa y sírvala con picatostes (*véase* pág. 15).

sopa de maíz y apio

6 raciones
tiempo de preparación
  25 minutos
tiempo de cocción **30 minutos**

50 g de **mantequilla**
1 **cebolla**, picada
4 **mazorcas de maíz**
  sin las hojas verdes
  y los granos separados
3 tallos de **apio**, en rodajas
1 l de **caldo de pollo**
  o **de verduras** (*véanse*
  págs. 10 y 13)
2 hojas de **laurel**
sal y pimienta de Cayena

Caliente la mantequilla en una cacerola; agregue la cebolla y sofríala durante 5 minutos hasta que empiece a dorarse por los bordes. Agregue el maíz, el apio, el ajo y fríalos durante 5 minutos.

Vierta el caldo, agregue las hojas de laurel, la sal y la pimienta y lleve a ebullición. Tape y deje cocer a fuego lento durante 20 minutos.

Deseche las hojas de laurel y enfríe la sopa un poco. Pásela por la batidora o robot hasta que quede lisa. Devuélvala a la cacerola y caliéntela de nuevo. Pruebe la condimentación y rectifique, si es necesario. Sírvala en tazones y cúbrala con unas cucharadas de guindilla y salsa picante de tomate (*véase* inferior).

Para preparar *chutney* **de guindilla y tomate**, como acompañamiento, caliente 1 cucharada de aceite de girasol en un cazo pequeño, añada ½ cebolla picada fina, 1 pimiento rojo sin membranas ni semillas y cortado en trocitos. 1-2 cucharadas de guindillas rojas, sin membranas ni semillas, picadas finas. Sofría 5 minutos hasta que se ablande; luego, mezcle 4 tomates picados (pelados, si lo desea), 4 cucharadas de azúcar, 2 cucharadas de vinagre de vino tinto, un poco de sal y pimienta. Deje cocer a fuego lento durante 15 minutos, removiendo de vez en cuando hasta que se espese.

sopa de vieira con lentejas y panceta

4 raciones
tiempo de preparación
15 minutos
tiempo de cocción
unos 40 minutos

50 g de **lentejas del Puy
o pardinas**
1 cucharada de **aceite de oliva**
1 **puerro** pequeño, en dados
75 g de **panceta**, troceada
1 **diente de ajo**, picado fino
4 cucharadas de **pernod**
600 ml de **caldo de pescado**
(*véase* pág. 13)
½ **limón** rallado
150 ml de **crema de leche
espesa**
manojo pequeño de **perejil**
25 g de **mantequilla**
200 g de **vieiras** congeladas,
previamente descongeladas
sal y pimienta

Ponga a hervir agua en una cacerola; añada las lentejas y cueza a fuego lento durante 20 minutos hasta que estén tiernas. Escúrralas en un colador, lávelas, vuelva a escurrirlas y reserve. Lave la cacerola y séquela.

Caliente el aceite en la cacerola limpia; a continuación, agregue la panceta, el puerro, el ajo y fría hasta que empicze a dorarse. Agregue el pernod y apártese cuando se encienda. Tan pronto se haya apagado, vierta el caldo. Añada la ralladura del limón, sal y pimienta, lleve a ebullición y cueza durante 10 minutos.

Agregue las lentejas cocidas, la crema y el perejil; a continuación, rectifique la condimentación si es necesario. Caliente la mantequilla en una sartén. Enjuague las vieiras en agua fría, escúrralas bien, añádalas a la sartén y saltéelas durante 3 o 4 minutos, volteándolas hasta que estén doradas y cocidas.

Sirva la sopa en platos hondos y ponga las vieiras formando un pequeño montículo en el centro.

Para preparar crema de mejillones y panceta, haga la sopa como se indica en la receta. Cuando el caldo haya cocido unos 10 minutos, añada 500 g de mejillones cerrados, limpios y sin las barbas. Tape y cueza durante 8 o 10 minutos hasta que los mejillones se abran. Deseche todos los que estén cerrados; a continuación, póngalos en platos hondos. Remueva la crema y el perejil con la sopa y los mejillones.

sopa de pato a las cinco especias y *pak choi*

4 raciones
tiempo de preparación
15 minutos
tiempo de cocción **20 minutos**

1,2 l de **caldo de pato**
(*véase* pág. 10)
ralladura y zumo de una **naranja**
4 cucharadas de **jerez**
¼ de cucharadita de **5 especias en polvo**
5 cm de **jengibre**, fresco picado
1 cucharada de **salsa de soja**
2 cucharadas de **salsa de ciruelas china**
125-175 g de **restos de pato cocido**, despojados de la carcasa antes de hacer el caldo
½ manojo de **cebollas tiernas**, picadas
2 *pak choi*, en tiras
sal y pimienta

Vierta el caldo en una cacerola; a continuación añada la cáscara y el zumo de naranja, el jerez, las especias en polvo y el jengibre. Remueva con la salsa de soja y de ciruelas y lleve a ebullición, removiendo. Tape y cueza a fuego lento 5 minutos.

Añada el pato, las cebollas tiernas, el *pak choi* y cueza 5 minutos a fuego lento. Pruebe, agregue un poco de sal y pimienta si fuese necesario y sirva en tazones.

Para preparar sopa de pato con hierbas y fideos, ponga 50 g de fideos secos en agua hirviendo durante 5 minutos. Caliente 1,2 l de caldo de pato como se indica en la receta, sustituya la ralladura y el zumo de naranja por el zumo de medio limón. Omita el jerez y las especias en polvo. Luego, añada el jengibre y la salsa de soja, tape y cueza a fuego lento como se indica en la receta. Añada 3 cucharadas de perejil fresco picado y 3 cucharadas de menta fresca picada; incorpore los restos de pato cocido, sal y pimienta y cueza a fuego lento durante 5 minutos. Reparta la pasta entre los platos y vierta el caldo por encima.

sabayón de salmón y estragón

6 raciones
tiempo de preparación
10 minutos
tiempo de cocción **15 minutos**

400 g de **salmón**, cortado
en dos
4 cucharadas de **Noilly Prat**
4 **cebollas tiernas**, picadas,
la parte verde separada
de la blanca
1 corteza de un **limón**
600 ml de **caldo de pescado**
(*véase* pág. 13)
4 **yemas de huevo**
1 cucharada de **estragón**
fresco, picado fino
1 cucharadita de **mostaza
de Dijon**
25 g de **mantequilla**
a temperatura ambiente
150 ml de **crema de leche
espesa**
sal y pimienta
hojas de **estragón**
para decorar (opcional)

Ponga las piezas de salmón en una cacerola con el Noilly Prat, las cebollas tiernas picadas, la corteza de limón y el caldo. Condimente con sal y pimienta y lleve a ebullición. Tape y cueza a fuego lento durante 10 minutos hasta que el pescado esté cocido y se separe fácilmente al presionarlo con un cuchillo.

Retire el pescado del caldo y trocéelo, teniendo cuidado con las espinas. Manténgalo caliente tapado con papel de aluminio.

Bata las yemas de huevo, el estragón, la mostaza y la mantequilla en un cuenco grande. Cuele el caldo, incorpórelo poco a poco con la mezcla de huevo hasta que quede liso. Viértalo en la cacerola, agregue la crema y la parte verde de las cebollas tiernas en rodajas; luego déjelo cocer a fuego lento durante 4 o 5 minutos hasta que la mezcla esté espumosa y ligeramente espesa. Tenga cuidado de no calentar la sopa en exceso, pues los huevos pueden cuajar. Pruebe la condimentación y rectifique, si es necesario.

Divida el salmón en 6 partes y póngalas en platos soperos; vierta por encima el sabayón y adorne con el estragón, si lo prefiere. Sirva con tostadas melba.

Para preparar tostadas de pan melba, como acompañamiento, tueste ligeramente 4 rebanas por ambos lados. Retire la corteza; a continuación, córtelas por la mitad horizontalmente para obtener 8 rebanadas finas y corte éstas en triángulos; hornéelos hacia arriba hasta que las esquinas empiecen a curvarse.

caldo de verduras con *wontons* (empanadillas chinas)

6 raciones
tiempo de preparación
   40 minutos, más tiempo
   para el escabeche
tiempo de cocción **5 minutos**

wontons
125 g de **carne de cerdo**, picada
½ cucharadita de **maicena**
1 cucharadita de **aceite
   de sésamo**
2 cucharadas de **salsa de soja**
1 **diente de ajo** pequeño,
   picado fino
43 g de **carne de cangrejo**
1 **huevo**, clara y yema
   separadas
pasta de ***wonton*** en rectángulos
   de 18 × 9 cm

caldo
1,2 l de **caldo de pollo**
   (*véase* pág. 10)
1 manojo de **espárragos**,
   pulidos, en trozos finos
75 g de **tirabeques** troceados
4 **cebollas tiernas**, picadas
4 cucharaditas de **salsa
   de pescado**
4 cucharadas de **jerez seco**
1 manojo pequeño de **cilantro**,
   2 tercios picados en trozos
   grandes, el resto para decorar

Mezcle todos los ingredientes del *wonton*, excepto la clara del huevo, con los envoltorios y la pasta y deje reposar unos 30 minutos para que se desarrollen los sabores. Separe los envoltorios y la pasta de *wonton*; rellénelos uno a uno con una cucharadita de la mezcla con la carne de cerdo; pinte los bordes con la clara del huevo; a continuación, lleve los bordes hacia arriba y píntelos formando pequeñas piezas.

Ponga a hervir todos los ingredientes del caldo en una cacerola grande; agregue los *wontons* y cuézalos 5 minutos a fuego lento hasta que el relleno esté cocido. Sirva en platos hondos y adorne con ramitas de cilantro.

Para preparar caldo de verduras con atún, prepare el caldo como se indica en la receta pero omita los *wontons*. Frote un filete de 200 g de atún con 1 cucharadita de aceite de sésamo, 1 cucharadita de aceite de girasol, 1 guindilla roja sin semillas picada y 1 diente de ajo picado fino. Añádalo a la sartén precalentada, fríalo 1 minuto y 30 segundos hasta que la parte superior se dore pero el interior siga rosado. Corte el filete en rodajas finas y póngalas en los platos de sopa. Agregue el caldo alrededor del atún y sírvalo rápidamente, para evitar que el atún se cueza demasiado.

sopa de patata, chorizo e hinojo

8-10 raciones
tiempo de preparación
   15 minutos
tiempo de cocción **30 minutos**

3 cucharadas de **aceite de oliva**
1 **cebolla** picada
400 g de **bulbo de hinojo,**
   picado
150 g de **chorizo**, en trocitos
   pequeños
500 g de **patatas harinosas**
   en daditos
1 l de **caldo de pollo** o **de jamón**
   (*véase* pág. 10)
3 cucharadas de **cilantro,**
   picado fino
3 cucharadas de **crema fresca**
sal y pimienta

Caliente el aceite en una cacerola grande; sofría la cebolla y el hinojo durante 10 minutos hasta que estén blandos y empiecen a dorarse.

Agregue el chorizo, las patatas y el caldo y lleve a ebullición. Reduzca el fuego, tape y cueza a fuego lento durante 20 minutos hasta que las patatas estén muy tiernas.

Pase la sopa por la batidora o robot. Agregue el cilantro, la crema acidificada y caliéntelo todo suavemente un par de minutos. Condimente con sal y pimienta y sirva en tazas pequeñas calientes.

Para preparar sopa de apio, patatas y chorizo, sofría la cebolla en el aceite como se indica en la receta, añadiendo 400 g de apio picado en lugar del hinojo. Prosiga con la receta, pero sirva sin pasarla; revuelva el cilantro y la crema antes de servir.

sopas
saludables

sopa de pesto y limón

6 raciones
tiempo de preparación
   10 minutos
tiempo de cocción **25 minutos**

1 cucharada de **aceite de oliva**
1 **cebolla**, picada fina
2 **dientes de ajo**, picados finos
2 **tomates**, pelados y troceados
1,2 l de **caldo de verduras**
   (*véase* pág. 13)
3 cucharaditas de **pesto**,
   y un poco más para servir
corteza y zumo de 1 **limón**
100 g de **brócoli**, cortado
   en ramilletes pequeños
   y los tallos en rodajas
150 g de **calabacines**, en dados
100 g de **judías de soja verde**,
   congeladas
65 g de **pasta pequeña**
50 g de **espinacas**, en tiras finas
sal y pimienta
hojas de **albahaca** fresca
   para decorar (opcional)

Caliente el aceite en una cacerola; agregue la cebolla y sofríala 5 minutos, removiendo de vez en cuando hasta que esté blanda. Agregue el ajo, el tomate, el caldo, el pesto, la corteza de limón, un poco de sal, pimienta y cueza a fuego lento durante 10 minutos.

Agregue el brócoli, los calabacines, las judías de soja y la pasta, y cueza a fuego lento durante 6 minutos. Agregue las espinacas, el zumo de limón y cueza 2 minutos hasta que las espinacas se ablanden y la pasta esté cocida.

Sirva en platos soperos, cubra con unas cucharadas extra de pesto y decore con unas hojas de albahaca. Sirva con aceite de oliva, tomates secados al sol y *focaccia*, chapata o crujientes de parmesano.

Para preparar crujientes de parmesano, como acompañamiento, ponga 100 g de parmesano rallado sobre una bandeja de horno formando 18 montículos bien espaciados. Introduzca en el horno, precalentado a 190 °C, durante 5 minutos o hasta que el queso empiece a derretirse y dorarse. Deje enfriar y endurecer, a continuación, retire el papel y sirva al lado de la sopa.

guiso de mariscos

6 raciones

tiempo de preparación
20 minutos

tiempo de cocción **30 minutos**

1 cucharada de **aceite
de girasol**

1 **cebolla**, picada fina

1 **zanahoria** pequeña, picada

1 tallo de **apio**, picado

½ **pimiento rojo**, sin corazón
ni semillas, picado

425 g de **tomates**, pelados
y picados gruesos

1 ramillete grande de **tomillo**

¼ de cucharadita de **guindilla**

2 cucharaditas de **tomate
concentrado**

1 l de **caldo de verduras** o de
pescado (*véanse* págs. 12-13)

40 g de **arroz largo**

400 g de **marisco variado**
congelado, previamente
descongelado

43 g de **carne de cangrejo**

75 g de **quingombó**, extremo
superior recortado

sal y pimienta

hojas de **tomillo**, para decorar
(opcional)

Caliente el aceite en una cacerola; agregue la cebolla y sofríala 5 minutos hasta que se ablande y empiece a dorarse. Agregue la zanahoria, el apio, el pimiento rojo y fríalos unos minutos más. Mezcle con los tomates, el tomillo, la guindilla, el tomate concentrado y, a continuación, vierta el caldo. Añada el arroz, condimente con sal, pimienta y lleve a ebullición.

Tape y cueza a fuego lento durante 20 minutos, removiendo de vez en cuando. Parta por la mitad los mejillones más grandes; a continuación, remueva la sopa con el resto de pescados y mariscos, el cangrejo y el quingombó. Tape y cueza a fuego lento durante 5 minutos; a continuación, rectifique la condimentación si es necesario. Sirva en platos y espolvoree con unas hojas de tomillo, si le gusta. Sirva con pan crujiente.

Para preparar guiso de pollo y jamón, fría 6 muslos de pollo, deshuesados y pelados con la cebolla. Continúe haciendo la sopa como se indica en la receta, añadiendo 50 g de jamón cortado en dados y 75 g de judías verdes en vez de los mariscos, el cangrejo y el quingombó. Finalice y sirva como se ha indicado.

sopa de verduras de verano

4 raciones
tiempo de preparación
15 minutos
tiempo de cocción
unos 25 minutos

1 cucharadita de **aceite de oliva**
1 **puerro**, picado fino
1 **patata** grande, pelada
  y troceada
450 g de **mezcla de verduras
  de verano** (como guisantes,
  espárragos, habas
  y calabacines)
2 cucharadas de **menta**, picada
900 ml de **caldo de verduras**
  (*véase* pág. 13)
2 cucharadas de **crema
  acidificada**
sal y pimienta

Caliente el aceite en una cacerola mediana y sofría el puerro
3 o 4 minutos hasta que se ablande.

Añada la patata y el caldo a la cacerola y cueza durante
10 minutos. Incorpore las verduras restantes y la menta, y lleve
a ebullición. Cueza a fuego lento durante 10 minutos.

Pase la sopa por la batidora o robot de cocina hasta que
quede lisa. Devuelva la sopa a la cacerola, agregue la crema
acidificada y condimente al gusto con sal y pimienta.

Para preparar sopa de verduras de verano con *gremolata*,
prepare la sopa como se indica en la receta pero sin reducirla
a puré, y sírvala cubierta con 2 cucharadas de crema
acidificada y la *gremolata* preparada mezclando 2 cucharadas
de albahaca picada, 2 cucharadas de perejil picado,
la ralladura de 1 limón y un diente de ajo pequeño picado.

sopa de verduras al curry

6 raciones

tiempo de preparación
25 minutos

tiempo de cocción **40 minutos**

2 cucharadas de **aceite
de girasol**

1 **cebolla**, picada fina

2 **dientes de ajo** picados finos

4 cucharaditas de **pasta
de curry** suave

2,5 cm de **jengibre** fresco,
pelado y rallado

2 **patatas** pequeñas
para el horno troceadas

2 **zanahorias** troceadas

1 **coliflor** pequeña sin corazón
y cortada en trocitos

75 g de **lentejas rojas**

1,5 l de **caldo de verduras** o de
pollo (*véanse* págs. 10 y 13)

400 g de **tomates** picados

200 g hojas de **espinacas**
lavadas y cortadas en trozos
grandes

raita

150 g de **yogur natural
desnatado**

4 cucharadas de hojas
de **cilantro** picadas

4 cucharaditas de *chutney*
de mango

Caliente el aceite en una cacerola grande; agregue la cebolla y sofríala 5 minutos removiendo hasta que esté tierna. Agregue el ajo, la pasta de curry, el jengibre y deje cocer 1 minuto.

Mezcle las patatas, las zanahorias, la coliflor y las lentejas. Vierta el caldo, el tomate, salpimiente y lleve a ebullición. Tape y deje cocer a fuego lento 30 minutos, o hasta que las lentejas estén tiernas.

Mientras, mezcle en un tazón pequeño el yogur, el cilantro y el *chutney* de mango para la salsa.

Agregue las espinacas a la sopa y cuézalas 2 minutos o hasta que se ablanden. Pruebe y rectifique la condimentación si es necesario. Sirva la sopa en platos hondos y cubra con unas cucharadas de salsa de yogur. Sirva con pan *naan*, si le gusta.

Para preparar la sopa de berenjenas al curry, fría la cebolla con 2 berenjenas en dados hasta que estén ligeramente dorados. Agregue el ajo, la pasta de curry, el jengibre y cueza como se indica en la receta. Añada las patatas, las zanahorias, las lentejas, el caldo y los tomates, omitiendo la coliflor. Cueza 30 minutos a fuego lento; pase la sopa por la batidora o robot. Omita las espinacas y sirva con un remolino de yogur natural, un poco de cilantro picado y *poppadums*.

sopa de pimiento rojo y calabacín

4 raciones
tiempo de preparación
15 minutos
tiempo de cocción
unos 40 minutos

2 cucharadas de **aceite de oliva**
2 **cebollas,** picadas finas
1 **diente de ajo**, picado
3 **pimiento rojos**, sin corazón
  ni semillas, troceados
2 **calabacines**, troceados
900 ml de **caldo de verduras**
  (*véase* pág. 13) o agua
sal y pimienta

para **servir**
yogur natural desnatado
  o **crema acidificada**
cebollino

Caliente el aceite en una cacerola grande y sofría la cebolla
5 minutos hasta que esté blanda y dorada. Añada el ajo
y cueza a fuego lento 1 minuto. Incorpore los pimientos y
la mitad de los calabacines. Fríalo todo durante 5 o 8 minutos
o hasta que esté tierno y se oscurezca.

Añada el caldo, condimente al gusto con sal y pimienta
y llévelo a ebullición. Reduzca el fuego, tape y cueza a fuego
lento durante 20 minutos.

Deje que la sopa se enfríe un poco y espere a que las verduras
estén tiernas para pasarlas por la batidora o robot. Sofría
el calabacín troceado restante durante 5 minutos. Mientras
tanto, ponga de nuevo la sopa en la cacerola, caliéntela,
pruebe la condimentación y rectifique, si es necesario. Sírvala
con el calabacín frito, yogur o crema acidificada y cebollino.

Para preparar sopa de pimiento rojo y zanahoria, haga
la sopa como se indica en la receta, añadiendo 2 zanahorias
troceadas en lugar de los calabacines, más los pimientos,
la cebolla y el ajo frito. Siga las indicaciones anteriores.
Caliéntela y sírvala con 8 cucharaditas de queso a las finas
hierbas y ajo y cebollinos troceados.

sopa de tubérculos y semillas de hinojo

6 raciones

tiempo de preparación
  25 minutos
tiempo de cocción
  unos 50 minutos

1 cucharada de **aceite de oliva**
1 **cebolla**, picada
2 **dientes de ajo** picados
2 cucharaditas de **semillas de hinojo molido**
½ cucharadita de **cúrcuma**
250 g de **zanahorias** troceadas
250 g de **nabo** picado
250 g de **colinabo** picado
1 l de **caldo de verduras** o **caldo de pollo** (*véanse* págs. 10 y 13)
300 ml de **leche desnatada**
sal y pimienta

Caliente el aceite en una cacerola grande; agregue la cebolla y sofríala durante 5 minutos hasta que empiece a ablandarse. Agregue el ajo, las semillas de hinojo y las especias y cueza 1 minuto para que los sabores se desarrollen.

Añada los tubérculos, el caldo, sal y pimienta y lleve a ebullición. Tape y cueza a fuego lento durante 45 minutos, removiendo de vez en cuando hasta que las verduras estén muy tiernas. Deje que se enfríe un poco; luego, páselas por la batidora o robot hasta que la sopa esté homogénea.

Viértala de nuevo en la cacerola y agregue la leche. Vuelva a calentarla; a continuación, modifique la condimentación, si fuese necesario. Sírvala en platos hondos con picatostes (*véase* pág. 15).

Para preparar picatostes bajos en grasa, como acompañamiento, corte 3 rebanadas de pan integral en forma de dados, póngalos en una placa para hornear, vaporice con aceite de oliva 3 o 4 veces y espolvoree con 1 cucharadita de semillas de hinojo picado, ¼ de cucharadita de pimentón ahumado y ¼ de cucharadita de cúrcuma. Ponga en el horno, precalentado a 190 °C, durante 15 minutos, hasta que queden crujientes.

sopa de tomate y naranja

6 raciones
tiempo de preparación
15 minutos
tiempo de cocción
unos 40 minutos

2 cucharadas de **aceite de oliva**
1 **cebolla,** picada
2 **dientes de ajo,** picados
2 kg de **tomates** maduros,
 pelados y troceados
2 cucharadas de **tomate
 concentrado**
450 ml de **caldo de verduras**
 o **de pollo** (*véanse*
 págs. 10 y 13)
la ralladura de 1 **naranja** grande
75 ml de **zumo de naranja**
4 ramitas de **albahaca**
1-2 cucharaditas de **azúcar
 moreno**
sal y pimienta

para **decorar**
2-3 cucharadas de **albahaca**
 picada fina
150 ml **yogur griego desnatado**
6 hojas pequeñas de **albahaca**
tiras finas de **corteza
 de naranja**

Caliente el aceite en una cacerola grande; sofría la cebolla y el ajo hasta que se ablanden. Añada el tomate, el tomate concentrado, el caldo, la corteza y el zumo de naranja y la albahaca. Lleve a ebullición, reduzca el fuego, tape y cueza a fuego lento durante 20 o 25 minutos hasta que las verduras estén blandas.

Deje que la sopa se enfríe un poco. Condiméntela con sal, pimienta y un poco de azúcar. Devuélvala a la cacerola y deje que cueza hasta que llegue a ebullición; a continuación, agregue un poco de caldo o zumo de tomate adicional, si fuese necesario para obtener la consistencia deseada.

Mezcle la albahaca picada con el yogur griego. Vierta la sopa caliente en platos, cubra con 1 cucharada de yogur, adorne con unas ramitas de albahaca y corteza de naranja.

Para preparar sopa de tomate con chorizo crujiente, elabore la sopa como se indica en la receta, prescinda de la corteza y el zumo de naranja, y agregue 75 ml de vino tinto en su lugar. Sirva con 40 g de chorizo frito en rodajas y picado, para decorar.

sopa de coliflor y comino

4 raciones
tiempo de preparación
15 minutos
tiempo de cocción
unos 20 minutos

2 cucharaditas de **aceite
de girasol**
1 **cebolla** troceada
1 **diente de ajo** picado
2 cucharaditas de **semillas
de comino**
1 **coliflor**, cortada en ramitos
1 **patata**, pelada y troceada
450 ml de **caldo de verduras**
(*véase* pág. 13)
450 ml de **leche
semidesnatada**
2 cucharadas de **crema
acidificada**
2 cucharadas hojas de **cilantro**
sal y pimienta

Caliente el aceite en una cacerola mediana; sofría la cebolla, el ajo y el comino 3 o 4 minutos. Añada la coliflor, la patata, el caldo, la leche y lleve a ebullición. Reduzca el fuego y cueza a fuego lento durante 15 minutos.

Pase la sopa por la batidora o robot de cocina hasta que esté lisa. Añada la crema acidificada, el cilantro y condimente al gusto con sal y pimienta. Sírvala con rebanadas de pan integral crujientes.

Para preparar sopa de coliflor al curry, sofría la cebolla y el ajo como se indica en la receta, prescindiendo del comino. Agregue 2 cucharadas de pasta de curry suave, cueza 1 minuto y luego agregue la coliflor, la patata, el caldo y la leche. Continúe siguiendo las instrucciones de la receta. Sírvala con *poppadums* circulares pequeños.

sopa de hinojo y limón

4 raciones
tiempo de preparación
  20 minutos
tiempo de cocción
  unos 25 minutos

50 ml de **aceite de oliva**
3 **cebollas tiernas** grandes
  picadas
250 g de **bulbo de hinojo**,
  cortado, sin semillas
  y picado fino
1 **patata**, pelada y troceada
ralladura y zumo de 1 **limón**
900 ml de **caldo de pollo**
  o **de verduras** (*véanse*
  págs. 10 y 13)
sal y pimienta

gremolata de aceitunas negras
1 **diente de ajo**, picado fino
ralladura de 1 **limón**
4 cucharadas de **perejil** picado
16 **aceitunas negras**,
  deshuesadas y picadas

Caliente el aceite en una cacerola grande y sofría las cebollas 5 minutos hasta que el hinojo comience a ablandarse. Vierta el caldo y llévelo a ebullición. Reduzca el fuego, tape y cueza a fuego lento unos 15 minutos hasta que los ingredientes estén tiernos.

Mientras, prepare la *gremolata*, mezcle el perejil, el ajo, el limón y la corteza y remuévalos con las aceitunas. Cubra y refrigere hasta que sea necesario.

Pase la sopa por la batidora o robot de cocina. La sopa no tiene que quedar espesa, así que agregue caldo si fuese necesario. Devuélvala a la cacerola. Pruebe y condimente con sal, pimienta y zumo de limón, y caliéntela suavemente. Vierta la sopa en platos calientes y espolvoree con un poco de *gremolata*, y remuévala antes de servir. Acompañe con rebanadas de pan tostado crujiente o picatostes (*véase* pág. 15).

Para preparar sopa de trucha e hinojo, omita la *gremolata* y en su lugar cueza al vapor 2 filetes de trucha sin espinas sobre la sopa hirviendo; déjelos a fuego lento durante 10 minutos hasta que el pescado se desmenuce fácilmente cuando se presione con un cuchillo. Saque la trucha y retírele la piel y las espinas. Póngala en el fondo del plato y cubra con sopa.

sopa de tubérculos asados

6 raciones

tiempo de preparación
10 minutos
tiempo de cocción **1 hora
y 5 minutos**

4 **zanahorias**, picadas
2 **chirivías**, troceadas
aceite de oliva en espray
1 **puerro**, picado fino
1,2 l de **caldo de verduras**
(*véase* pág. 13)
2 cucharaditas de **semillas
de tomillo**
sal y pimienta
ramitas de tomillo,
para decorar

Coloque las zanahorias y las chirivías en una fuente refractaria; rocíe ligeramente con aceite de oliva y condimente con sal y pimienta. Áselo todo en el horno, precalentado a 200 °C, durante 1 hora hasta que las hortalizas estén blandas.

Mientras, 20 minutos antes de que terminen de asarse, ponga los puerros en una cacerola con el caldo y 1 cucharadita de tomillo. Cubra y cueza a fuego lento durante 20 minutos.

Pase las hortalizas asadas a una balidora o robot, mezcle y añada caldo, si fuese necesario. Páselas luego a la cacerola y condimente al gusto. Añada el tomillo restante, mezcle y cueza a fuego lento durante 5 minutos para calentar.

Sírvala en platos individuales y adórnela con unas ramitas de tomillo.

Para preparar sopa de calabaza asada, coja una calabaza de 750 g, pélela, retire las pepitas, córtela en rodajas gruesas y póngala en el horno. Rocíela con un poco de aceite de oliva y condimente con sal y pimienta. Ase a 200 °C durante 45 minutos y luego siga el proceso indicado en la receta.

sopa de pimiento rojo y jengibre

4 raciones
tiempo de preparación
20 minutos más tiempo
de refrigerado
tiempo de cocción **45 minutos**

3 **pimientos rojos**, cortados
por la mitad, sin semillas
1 **cebolla roja**, en cuartos
2 **dientes de ajo**
1 cucharadita de **aceite de oliva**
5 cm de **jengibre** fresco, rallado
1 cucharadita de **comino**
en polvo
1 cucharadita de **cilantro**
en polvo
1 **patata** grande, troceada
900 ml de **caldo de verduras**
(*véase* pág. 13)
4 cucharadas de **queso fresco**
sal y pimienta

Coloque los pimientos, la cebolla y los dientes de ajo
en una fuente antiadherente para hornear. Ase en el horno,
precalentado a 200 °C, al menos 40 minutos, o hasta que los
pimientos se chamusquen y los cuartos de cebolla y el ajo
estén tiernos. Si observa que la cebolla empieza a dorarse
demasiado, cúbrala con las mitades de pimiento y continúe
asándolos.

Mientras, caliente el aceite en una cacerola y sofría el
jengibre, el comino y el cilantro a fuego lento durante 5 minutos
hasta que estén blandos. Agregue las patatas, mezcle bien
y condimente al gusto con sal y pimienta. Añada el caldo,
tape y cueza a fuego lento durante 30 minutos.

Retire del horno las hortalizas asadas. Póngalas en una
bolsa de polietileno, ciérrela y déjelas enfriar. Añada la cebolla
a la mezcla de patata y pele y machaque el ajo en la cacerola.
Pele los pimientos y añádalos a la sopa, menos medio pimiento.
Cueza a fuego lento durante 5 minutos.

Pase la sopa por la batidora o robot hasta que esté
homogénea. Devuélvala a la cacerola, añada un poco de
agua, si es necesario, para lograr la consistencia deseada.

Vierta en cuencos individuales. Corte el pimiento restante
y coloque las tiras sobre la sopa, adornando con 1 cucharada
de queso fresco.

Para preparar sopa de pimiento rojo y pesto, ase
los pimientos, la cebolla y el ajo como se indica en la receta.
Caliente el aceite en una cacerola, prescinda de las especias
y añada 2 cucharadas de salsa pesto y las patatas en dados;
fría suavemente 2 o 3 minutos y luego siga el procedimiento
que se ha iniciado en la receta.

sopa de calabacín y eneldo

6 raciones
tiempo de preparación
20 minutos
tiempo de cocción
20-25 minutos

2 cucharadas de **aceite de
girasol** o **aceite de oliva ligero**
1 **cebolla** grande, picada
2 **dientes de ajo**, picado
1 k de **calabacines**, troceados
1,2-1,5 l de **caldo de
verduras** o **de pollo**
(*véanse* págs. 10 y 13)
2-4 cucharadas de **eneldo**
picado fino
sal y pimienta

para **decorar**
125 ml de **crema de leche
ligera**
hojas de eneldo

Caliente el aceite en una cacerola y sofría la cebolla
y el ajo hasta que estén tiernos, pero todavía no dorados.
Añada los calabacines, cubra con papel de horno y cueza
a fuego lento 10 minutos hasta que los calabacines estén
tiernos. Agregue 1,2 l de caldo, tape y deje cocer a fuego
lento otros 10 o 15 minutos.

Transfiera los calabacines y un poco de caldo a la batidora
o robot. Triture hasta que esté lisa y luego póngala en una
cacerola limpia. Añada el caldo, los calabacines y el eneldo
picado. Condimente al gusto con sal y pimienta; lleve
a ebullición.

Sirva la sopa caliente en tazones; adorne con un remolino
de crema y unas hojas de eneldo.

Para preparar sopa de calabaza y eneldo, caliente
2 cucharadas de aceite de girasol en una cacerola; agregue
1 cebolla picada, 2 dientes de ajo picados y sofría durante
5 minutos. Añada 500 g de calabacines y 500 g de calabaza
(peso una vez pelada y sin semillas) cortada en dados. Cueza
como se indica en la receta; luego vierta el caldo y prosiga
la cocción. Sirva con picatostes de ajo (*véase* pág. 15).

sopa de judías y tomates secados al sol

4 raciones
tiempo de preparación
5 minutos
tiempo de cocción **20 minutos**

3 cucharadas de **aceite
de oliva extra virgen**
1 **cebolla**, picada fina
2 tallos de **apio**, en rodajas
2 **dientes de ajo**, picados
2 × 425 g de **judías de lata**,
escurridas
4 cucharadas de **pasta
de tomates secados al sol**
900 ml de **caldo de verduras**
(*véase* pág. 13)
1 cucharada de **romero**
o **tomillo**
sal y pimienta
queso parmesano

Caliente el aceite en una cacerola. Añada la cebolla y sofríala
3 minutos hasta que esté tierna. Incorpore el apio y el ajo
y fría durante 2 minutos.

Añada las judías, la salsa de tomates secados al sol, el caldo
de verduras, el romero y el tomillo, un poco de sal y pimienta.
Lleve a ebullición, reduzca el fuego y cueza 15 minutos.
Sirva con el queso parmesano rallado.

Para preparar sopa de garbanzos, tomates y tomillo,
mezcle el contenido de 2 latas de 425 g de garbanzos,
previamente escurridos, con la cebolla, el apio y el ajo sofritos.
Añada 3 cucharadas de puré de tomate, 900 ml de caldo
de verduras y 1 cucharada de hojas de romero. Tape y cueza
como se indica en la receta.

sopa especiada de lentejas y cilantro

8 raciones
tiempo de preparación
10-15 minutos
tiempo de cocción
40-50 minutos

500 g de **lentejas rojas**
2 cucharadas de **aceite vegetal**
2 **cebollas**, picadas
2 **dientes de ajo**, picados
2 **tallos de apios**, picados
400 g de **tomates** escurridos
1 **guindilla** sin semillas y picada
  (opcional)
1 cucharadita de **pimentón**
1 cucharadita de **pasta** *harissa*
1 cucharadita de **comido molido**
1,2 l de **caldo de verduras**
  (*véase* pág. 13)
sal y **pimienta**
2 cucharadas de **cilantro picado,**
  para decorar

Coloque las lentejas en un recipiente con agua.

Caliente el aceite en una sartén grande y sofría la cebolla, el ajo y el apio hasta que estén tiernos. Escurra las lentejas y añádalas a la cacerola con las verduras y el tomate. Mezcle bien. Añada la guindilla, si lo desea, el pimentón, la pasta *harissa*, el comino, el caldo de verduras y condimente con sal y pimienta. Cubra la cacerola y cueza a fuego lento durante 40 o 50 minutos hasta que las lentejas estén tiernas; agregue un poco más de caldo de verduras, o agua, si la sopa estuviera demasiado espesa.

Sirva la sopa de inmediato en platos precalentados, espolvoreada con un poco de cilantro picado.

Para preparar sopa especiada de judías blancas

y cilantro, sofría la cebolla, el ajo y el aceite como se indica en la receta. Escurra el contenido de 2 latas de 425 g de judías blancas y añádalas a la cacerola con la guindilla, la especias y el caldo, como se indica en la receta. Cueza a fuego lento durante 40 o 50 minutos y añada unas judías aplastadas para que la sopa quede más espesa. Espolvoree con 2 cucharadas de cilantro fresco picado y 4 cucharadas de perejil fresco picado.

sopa de verano de guisantes

4 raciones

tiempo de preparación
10 minutos o un poco
más si tiene que desgranar
los guisantes

tiempo de cocción **15 minutos**

1 cucharada de **mantequilla**

1 manojo de **cebollas tiernas**
picadas

1,25 kg de **guisantes frescos
pelados** o 500 g de **guisantes
congelados**

750 ml de **caldo de verduras**
(*vease* pág. 13)

2 cucharadas de **yogur natural**
o **nuez moscada**

1 cucharada de **cebollino
picado** y 2 tallos para adornar

Derrita la mantequilla en una cacerola grande; sofría las
cebollas hasta que se ablanden pero sin que cojan color. Añada
los guisantes con el caldo. Lleve a ebullición y cueza a fuego
lento durante 5 minutos para que los guisantes estén cocidos.
Tenga cuidado de no calentarlos demasiado, pues pueden
perder su sabor.

Retire del fuego y páselo por la batidora o robot. Añada
la nuez moscada. Vuelva a calentar suavemente, si es necesario,
y sírvala con un poco de cebollino.

Para preparar sopa de guisantes y habas, sofría las
cebolletas tiernas en la mantequilla como se indica en
la receta, a continuación, añada 625 g de guisantes frescos
y 625 g de habas frescas, 250 g de guisantes congelados,
250 g de habas congeladas, 2 tallos de menta fresca
y el caldo. Deje cocer a fuego lento como se indica en
la receta, y reduzca a puré. Recaliente la sopa, viértala
en platos y cubra con 4 cucharadas de crema en forma
de remolino y unas hojas de menta fresca.

sopa de brócoli y vieiras

4 raciones

tiempo de preparación
10 minutos

tiempo de cocción
unos 40 minutos

1,2 l de **caldo de verduras
o de pollo** (*véanse* págs. 10
y 13)

25 g de **jengibre** fresco, pelado
y cortado en tiras finas, reserve
la piel

1 cucharada de **salsa de soja**

3 **cebollas tiernas** cortadas
diagonalmente en rodajas finas

500 g de **brócoli** en ramitos

1 **pimiento rojo pequeño**,
sin semillas y cortado
en trocitos (opcional)

12 **vieiras grandes**,
con la concha

unas gotas de **salsa tailandesa
de pescado**

zumo de lima

aceite de sésamo, para servir

Ponga el caldo en una cacerola grande con la cáscara de
jengibre y hiérvalo durante 15 minutos. Resérvelo a un lado
y déjelo reposar durante otros 15 minutos.

Cuele el caldo sobre una cacerola limpia. Añada la salsa
de soja, las tiras de jengibre, las cebollas tiernas, el brócoli, el
pimiento, si lo utiliza, y cueza a fuego lento durante 5 minutos.

Agregue las vieiras. Condimente con la salsa de pescado
tailandesa y zumo de limón.

Retire las vieiras de la sopa con una espumadera y ponga
3 en cada plato individual. Divida el brócoli entre los cuencos
y vierta la sopa caliente. Sirva inmediatamente con unas gotas
de aceite de sésamo.

Para preparar caldo de brócoli y mariscos, elabore
el caldo como se indica en la receta, pero sin las vieiras.
Añada al caldo el contenido de una bolsa de 200 g de
mariscos variados, como calamares, mejillones y langostinos
descongelados. Cueza a fuego lento durante 3 o 4 minutos
hasta que esté muy caliente; luego, sirva en platos hondos.

alrededor
del mundo

cullen escocés

6 raciones
tiempo de preparación
25 minutos
tiempo de cocción **40 minutos**

25 g de **mantequilla**
1 **cebolla**, picada
500 g de **patatas**, troceadas
1 **abadejo grande** o 300 g
   de filete de abadejo ahumado
1 hoja de **laurel**
900 ml de **caldo de pescado**
   (*véase* pág. 13)
150 ml de **leche**
6 cucharadas de **crema
   de leche**
sal y pimienta
perejil picado, para decorar

Caliente la mantequilla en una cacerola; agregue la cebolla
y sofríala durante 5 minutos hasta que quede tierna. Añada
las patatas y la mantequilla; a continuación, tape y cocine
5 minutos más. Coloque encima el abadejo, añada el laurel
y el caldo. Condimente con sal y pimienta y lleve a ebullición.

Tape y cueza a fuego lento durante 30 minutos o hasta
que las patatas estén tiernas. Saque el pescado de la cacerola
con una espumadera y póngalo en un plato. Quite la hoja
de laurel.

Retire del pescado la espina dorsal y la cabeza con un cuchillo
pequeño, si va a utilizar el abadejo grande. Con el cuchillo y
un tenedor, saque la piel y luego parta el pescado en trozos;
asegúrese de que no quede ninguna espina. Devuelva
los trozos de pescado a la cacerola; a continuación, pase
la sopa por la batidora o robot hasta que quede lisa. Viértala
en la cacerola, agregue la leche y la crema. Lleve a ebullición,
y déjela cocer a fuego lento. Pruebe la condimentación y
rectifique, si es necesario.

Sírvala en platos hondos, espolvoree con los restos de
pescado y perejil picado. Sirva con tostadas, bollos o pan
de soda.

Para preparar sopa de panceta escocesa, añada 6 lonchas
de panceta ahumada picada y fríalas con la patata hasta
que empiecen a dorarse. Añada el pescado, el laurel y el
caldo; condimente y cueza a fuego lento como se indica
en la receta. Retire el pescado de la sopa, córtelo y vuelva
a incorporarlo a la sopa, con la leche y la crema; sírvala
y decore con un poco de cebollino picado.

sopa cajún de judías arriñonadas

6 raciones

tiempo de preparación
25 minutos, más toda la noche
del remojo
tiempo de cocción **1 hora**

2 cucharadas de **aceite
de girasol**
1 **cebolla** grande, picada
1 **pimiento rojo**, partido,
sin semillas y en trocitos
1 **zanahoria**, picada
1 **patata** para hornear, troceada
2-3 **dientes de ajo**, picados
(opcional)
2 cucharadas de **mezcla
de especias cajún**
400 g de **tomates**, troceados
1 cucharada de **azúcar moreno**
1 l de **caldo de verduras**
(*véase* pág. 13)
425 g de **judías arriñonadas**
escurridas
50 g de **quingombó**, en rodajas
50 g de **judías verdes**,
en rodajas
sal y pimienta

Caliente el aceite en una sartén grande. Añada la cebolla
y sofríala durante 5 minutos hasta que se ablande. Añada
el pimiento rojo, la zanahoria, la patata, el ajo y fríalo todo
durante 5 minutos. Añada las especias cajún, los tomates,
el azúcar, el caldo, bastante sal y pimienta y lleve a ebullición.

Agregue las judías escurridas y mézclelo todo. Lleve
a ebullición, tape, y deje cocer a fuego lento durante
45 minutos hasta que las verduras estén tiernas.

Añada las verduras en rodajas; vuelva a tapar y deje cocer
al menos 5 minutos hasta que todo esté cocido. Sirva la sopa
en platos hondos acompañada de pan crujiente.

Para preparar sopa húngara de judías rojas y pimentón,
prepare la sopa como se indica en la receta añadiendo
1 cucharadita de pimentón en lugar de la mezcla de especias
cajún. Cueza a fuego lento durante 45 minutos; prescinda
de las verduras verdes y caliente de nuevo. Sírvala en platos
hondos, con 2 cucharadas de crema agria y unas semillas
de alcaravea.

caldereta de marisco y maíz

6 raciones

tiempo de preparación
40 minutos

tiempo de cocción **35 minutos**

25 g de **mantequilla**

½ manojo de **cebollas tiernas**, troceadas, parte blanca y verde separadas

200 g de **patata** picada

300 ml de **caldo de pescado** (*véanse* págs. 12-13)

1 hoja grande de **laurel**

150 g de **abadejo** o **bacalao**

50 g de **maíz dulce congelado**

200 g de **mezcla de marisco congelado**, previamente descongelado, lavado y escurrido

300 ml de **leche**

150 ml de **crema líquida**

2 cucharadas de **perejil fresco** picado

sal y pimienta

6 **bollos de pan**, con la parte superior cortada y el centro vacío, para hacer la cubierta (opcional)

Caliente la mantequilla en una cacerola; agregue las cebollas tiernas y la patata, tape y rehogue 10 minutos, removiendo ocasionalmente, hasta que adquiera sólo un poco de color.

Vierta el caldo y agregue la hoja de laurel; a continuación, añada los filetes de pescado; condimente con sal y pimienta. Lleve a ebullición, tape y cueza a fuego lento durante 20 minutos, hasta que las patatas estén tiernas. Saque el pescado de la sopa con una espumadera, póngalo en un plato y retírele la piel. Desmigájelo y revise que no quede ninguna espina.

Devuelva el pescado a la cacerola, agregue las cebollas tiernas, el maíz dulce, los mariscos descongelados y la leche. Lleve a ebullición, tape y cueza a fuego lento durante 5 minutos hasta que e marisco se caliente. Deseche la hoja de laurel. Vierta la crema, el perejil, y rectifique la condimentación, si fuese necesario. Lleve de nuevo a ebullición y, a continuación, rellene los panecillos vacíos. Tome la sopa con una cuchara y deje el pan para final, así tendrá mucho más sabor a marisco.

Para preparar caldereta de pollo y maíz, agregue la carne picada de 6 muslos de pollo pelados y las cebollas tiernas y fría durante 5 minutos hasta que estén dorados. Añada 200 g de patatas en trocitos, tape y cueza durante 5 minutos. Vierta unos 300 ml de caldo de pollo, 1 hoja grande de laurel y condimente. Tape y cueza a fuego lento durante 30 minutos. Añada las rodajas de cebolla tierna, el maíz dulce, 50 g de jamón cocido picado y la leche. Cueza a fuego lento durante 5 minutos y mezcle con la crema. Sírvala en tazones o en panecillos.

pho vietnamita de carne

6 raciones
tiempo de preparación
15 minutos
tiempo de cocción
unos 45 minutos

1 cucharada de **aceite
de girasol**
1 cucharada de granos
de **pimienta de Sichuán**
molida
1 tallo de **hierba limonera**
picada
1 ramita de **canela** en trocitos
2 **anises estrellados**
4 cm de **jengibre** fresco,
pelado y picado
un manojo pequeño de **cilantro**
1,5 l de **caldo de ternera**
(*véanse* págs. 11-12)
1 cucharada de **salsa
de pescado**
el zumo de una **lima**
100 g de **fideos finos de arroz**
250 g de **bistec de cadera**
o **lomo**, sin grasa y en lonchas
finas
100 g de **brotes de soja**,
enjuagados
4 **cebollas tiernas**, picadas
1 **guindilla roja** grande suave,
en rodajas finas

Caliente el aceite en una cacerola; agregue la pimienta
en grano, la hierba limonera, la canela, el anís estrellado,
el jengibre y cueza durante 1 minuto para realzar los sabores.
Corte los tallos de cilantro y añádalos a la cacerola con
el caldo. Llévelo a ebullición, removiendo; a continuación,
cubra y cocine a fuego lento durante 40 minutos.

Cuele el caldo y devuélvalo a la cacerola. Añada la salsa
de pescado y el zumo de limón. Hierva los fideos de arroz en
una cacerola con agua hirviendo siguiendo las instrucciones
del paquete; escúrralos y divídalos en 6 tazones pequeños.
Agregue la carne a la sopa y cueza 1 o 2 minutos. Reparta
los brotes de soja, la cebolleta tierna y la guindilla en cuencos.
Vierta la sopa por encima y adorne con unas hojas de cilantro
cortadas.

Para preparar sopa vietnamita de gambas, prepare
la sopa como se indica en la receta, con 1,5 l de caldo
de pollo o de verduras (*véanse* págs. 10 y 13) y 2 hojas de
lima *kaffir* en lugar de la canela. Cueza a fuego lento durante
40 minutos; escurra y termine como se indica en la receta,
añadiendo 200 g de gambas crudas peladas y 150 g
de champiñones en rodajas en vez de la carne. Cueza de
4 a 5 minutos hasta que las gambas adquieran un color
rosado. Finalice con los brotes de soja, las cebollas
tiernas y una guindilla.

sopa griega *avgolomeno* de pollo

6 raciones
tiempo de preparación
10 minutos
tiempo de cocción
15-20 minutos

2 l de **caldo de pollo**
(*véase* pág. 10)
125 g de **orzo**, **espirales**
u otro tipo de **pasta corta**
25 g de **mantequilla**
25 g de **harina**
4 **yemas de huevo**
ralladura y zumo de un **limón**
sal y pimienta

para **decorar**
125 g de **pollo** cocido cortado
en tiras finas
extra de **corteza de limón**
hojas de **orégano**
limón en rodajas

Ponga el caldo a hervir; añada la pasta y cuézala a fuego lento durante 8 o 10 minutos hasta que esté tierna. Mientras tanto, caliente la mantequilla en una sartén pequeña, mézclela con la harina poco a poco y luego agregue 2 cucharones del líquido de la pasta. Lleve a ebullición removiendo. Retire del fuego.

Mezcle las yemas de un huevo en un cuenco mediano con la corteza de limón y un poco de sal y pimienta. Poco a poco vaya mezclando con el zumo de limón hasta que quede homogéneo y, a continuación, mezcle lentamente con la salsa caliente de la sartén pequeña.

Añada un par de cucharones de caldo caliente a la mezcla de limón una vez que la pasta este cocida; vierta en la cacerola grande (no tenga la tentación de añadir los huevos porque se pueden cuajar). Mezcle bien y reparta la sopa en platos hondos con el pollo desmenuzado, unas tiras de corteza de limón extra y unas hojas de orégano troceadas. Sírvala con rodajitas de limón.

Para preparar bacalao *avgolomeno*, hierva 2 l de caldo de pescado en una cacerola grande; añada 125 g de pasta, 625 g de filetes de bacalao pelado y cueza a fuego lento durante 8 o 10 minutos hasta que ambos estén tiernos. Trocee el pescado, desechando la piel y las espinas. Prepare la salsa con la mantequilla y la harina como se indica en la receta, con un poco de caldo y las yemas de los huevos y la mezcla de limón. Añádalo a la pasta y el pescado; a continuación, sirva en platos hondos y cubra con cebollino cortado o un poco de perifollo.

sopa de setas picante

4-6 raciones
tiempo de preparación
5-10 minutos
tiempo de cocción **15 minutos**

1,2 l de **caldo de pescado**
  (*véanse* págs. 12-13)
1 tallo de **hierba limonera**,
  ligeramente picado
3 hojas secas de **lima *kaffir***
  o 3 trozos de **corteza
  de lima**
2 **guindillas rojas tailandesas**,
  cortadas por la mitad
  y sin semillas
2 cucharadas de **zumo
  de lima**
1-2 cucharadas de **salsa
  de pescado tailandesa**
50 g de **bambú en conserva**
125 g de **setas**
2 **cebollas tiernas**, picadas finas
½ **guindilla roja** picada,
  para decorar

Vierta el caldo de pescado en una cacerola; agregue la hierba limonera, las hojas de lima, o corteza de lima, y la guindilla. Cueza a fuego lento durante 10 minutos. Cuele el líquido sobre una cacerola limpia. Reserve un poco de guindilla roja y deseche los otros condimentos.

Agregue el zumo de limón y la salsa de pescado al caldo con los brotes de bambú, las setas y la guindilla anteriormente reservados. Cueza a fuego lento durante 5 minutos. Sirva la sopa en tazones individuales y espolvoree con las cebollas tiernas. Adorne con guindilla roja picada.

Para preparar sopa vegetariana de tomate picante,

prepare la sopa como se indica en la receta, pero use 1,2 l de caldo de verduras (*véase* pág. 13) en lugar del caldo de pescado y emplee 2 cucharadas de salsa de soja en lugar de la salsa de pescado. Mezcle con 4 tomates sin semillas y picados, 1 ½ pimientos rojos, sin semillas y en trocitos, en lugar de las setas.

tortellini italianos en brodo

6 raciones
tiempo de preparación
10 minutos
tiempo de cocción
unos 10 minutos

500 g de **tomates**
1,5 l de **caldo de pollo**
(*véase* pág. 10)
200 ml de **vino blanco seco**
1 cucharada de **pasta de tomates secados al sol**
manojo pequeño de **albahaca** troceado
300 g de *tortellini* **rellenos** de ricota y espinacas, según sus gustos
6 cucharadas de **queso parmesano** recién rallado, y un poco más para servir
sal y pimienta

Haga un corte transversal en la base de cada tomate y póngalos 1 minuto en un cuenco con agua hirviendo, escúrralos y pélelos. Retire las semillas y corte la carne en dados.

Ponga los tomates en una cacerola; añada el caldo, el vino y la pasta de tomates; condimente con sal y pimienta y lleve a ebullición. Cueza a fuego lento durante 5 minutos.

Añada la mitad de la albahaca y toda la pasta, lleve a ebullición y deje cocer 3 o 4 minutos, hasta que la pasta esté al dente. Agregue el queso parmesano, rectifique el sabor y la condimentación, si fuese necesario. Sirva en platos hondos con un poco de parmesano rallado adicional y adorne con las hojas de albahaca restantes.

Para preparar caldo con ñoquis al pesto, ponga 1,5 l de caldo de pollo con los tomates secados al sol, el vino y la pasta de tomates como se indica en la receta. Añada 300 g de ñoquis, en lugar de *tortellini*, y 150 g de espinacas en tiras y deje cocer 5 minutos hasta que los ñoquis suban a la superficie y las espinacas se hayan pochado. Agregue queso recién rallado y finalice como se ha indicado.

chorba húngara

véase pág. 12

6 raciones
tiempo de preparación
25 minutos
tiempo de cocción **2 horas
y 30 minutos**

1 cucharada de **aceite
de girasol**
500 g de **cordero guisado**
con hueso
1 **cebolla**, troceada
1 **zanahoria**, troceada
150 g de **colinabo**, troceado
2 cucharaditas de **pimentón
ahumado**
50 g de **arroz largo**
manojo pequeño de **eneldo**,
y un poco más, troceado,
para adornar
1,5 l de **caldo de cordero**
(*véase* pág. 12)
4-6 cucharadas de **vinagre
de vino tinto**
2 cucharadas de **azúcar moreno**
2 **huevos**
sal y pimienta

Caliente el aceite en una cacerola grande; añada el cordero y, cuando esté dorado, dele la vuelta y añada la cebolla, la zanahoria, el colinabo y deje cocer hasta que el cordero esté dorado por ambos lados.

Espolvoree el pimentón, mezcle brevemente y, a continuación, agregue el arroz, el eneldo y el caldo de cordero. Incorpore el vinagre, el azúcar y abundante sal y pimienta; a continuación, lleve a ebullición, removiendo. Tape y cueza a fuego lento durante 2 horas y 30 minutos, hasta que el cordero esté tierno.

Saque el cordero de la cacerola con una espumadera; póngalo sobre una tabla y córtelo en trozos pequeños. Quite los huesos y la grasa. Devuélvalo a la cacerola. Bata los huevos en un cuenco, mézclelos poco a poco con un cucharón de sopa caliente y viértalos en la cacerola. Caliente ligeramente hasta que la sopa se espese un poco, pero sin que llegue a hervir, pues, de lo contrario, los huevos cuajarían. Pruebe la condimentación y rectifique, si es necesario. Adorne con eneldo extra. Acompañe con rebanadas de pan de centeno integral.

Para preparar *chorba* **de pollo y colirrábano**, fría 6 muslos de pollo en lugar del cordero. Añada la cebolla y la zanahoria, y el colirrábano troceado en lugar del colinabo. Siga las indicaciones de la receta, cueza a fuego lento al menos 1 hora y 30 minutos.

caldo tailandés de gambas

4 raciones
tiempo de preparación
15 minutos
tiempo de cocción
unos 10 minutos

1,2 l de **caldo de verduras**
(*véase* pág. 13)
2 cucharadas de **pasta
de curry tailandés**
4 hojas secas de **lima** *kaffir*,
troceadas
3-4 cucharadas de **salsa
de pescado tailandesa**
2 **cebollas tiernas**, troceadas
150 g de **setas** *shiitake*
125 g de **fideos** *soba*
(japoneses)
½ **pimiento rojo**, sin corazón
ni semillas y troceado
125 g **pak choi**, en tiras finas
250 g de **langostinos**,
previamente descongelados
manojo pequeño de hojas
de **cilantro**, troceadas

Vierta el caldo en una cacerola; agregue la pasta de curry,
las hojas de lima, la salsa de pescado, las cebollas tiernas
y las setas. Lleve a ebullición y cueza a fuego lento.

Hierva agua en una cacerola aparte, añada los fideos
y cuézalos al menos 3 minutos.

Agregue el resto de los ingredientes a la sopa y cueza
unos 2 minutos, hasta que esté muy caliente.

Escurra la pasta, enjuáguela y póngala en tazones. Échele
el caldo de gambas por encima y sírvala inmediatamente;
acompañe con la salsa de pescado tailandesa y la salsa
de soja oscura para condimentar, si lo desea.

Para preparar caldo tailandés de tamarindo, ponga
el caldo en una cacerola; añada 2 cucharadas de tamarindo
concentrado y ¼ de cucharadita de cúrcuma; a continuación,
la pasta de curry y los otros condimentos, como se indica
en la receta. Cueza a fuego lento durante 5 minutos
y continúe, prescindiendo de las gambas.

sopa de pollo con *lockshen*

6 raciones
tiempo de preparación
20 minutos
tiempo de cocción **5 minutos**

2 l de **caldo de pollo**
(*véase* pág. 10)
150-200 g de **pollo cocido**
y desmenuzado
100 g de **lockshen**
(pasta tipo *vermicelli*)
sal y pimienta
perejil picado, para decorar

Hierva el caldo en una cacerola grande; agregue el pollo desmenuzado y caliéntelo. Mientras tanto, ponga agua a hervir en otra cacerola, agregue la pasta *lockshen* y cuézala a fuego lento durante 4 o 5 minutos hasta que esté tierna.

Cuele la pasta *lockshen*, divídala en el centro de cada tazón formando un pequeño nido y luego vierta la sopa por encima. Decore con un poco de perejil, si le gusta.

Para preparar sopa *kneidlech* de pollo, elabore la sopa como se indica en la receta, prescindiendo de la pasta *lockshen*. Ponga 125 g de harina *matzo* (*kosher*) en un cuenco mediano con una pizca de jengibre molido, la sal, la pimienta y el huevo batido. Añada 1 cucharada de grasa de pollo derretida o de margarina vegetal. Si prefiere no utilizar lácteos, mezcle con 5 o 6 cucharadas de caldo de pollo o agua caliente para obtener una masa moldeable. Divídala en 20 bolas pequeñas y deje que se enfríen 1 hora en un plato aparte. Póngalas en una cacerola con agua hirviendo y cuézalas a fuego lento por lo menos 25 minutos hasta que floten y estén esponjosas. Escúrralas bien y añádalas a los platos con la sopa de pollo.

sopa ghanesa de cacahuete

6 raciones
tiempo de preparación
15 minutos
tiempo de cocción
unos 40 minutos

1 cucharada de **aceite
de girasol**
1 **cebolla**, picada fina
2 **zanahorias**, en dados
500 g de **tomates**, sin piel,
si lo desea, y troceados
½ cucharadita de **piri-piri**
para el condimento o **copos
de guindilla** picada
100 g de **cacahuetes tostados
salados**
1 l de **caldo de pescado**
o **de verduras** (*véanse*
págs. 12-13)

para **decorar**
copos de guindilla
cacahuetes, picados

Caliente el aceite en una cacerola; agregue la cebolla
y la zanahoria y sofríalas durante 5 minutos, removiéndolas
hasta que estén tiernas y doradas. Ponga los tomates
y el piri-piri y deje cocer 1 minuto.

Muela el cacahuete en un molinillo de especias o picadora
hasta reducirlo a polvo como si fueran almendras molidas.
Mézclelo con los tomates, agregue el caldo y lleve a ebullición.
Tape y cueza a fuego lento durante 30 minutos. Reduzca
a puré la mitad de la sopa y caliéntela de nuevo. Pruebe la
condimentación y rectifique, si es necesario; a continuación,
póngala en tazones, decore con los copos de guindilla,
los cacahuetes y sirva con *foo foo* (*véase* inferior).

Para preparar *foo foo* casero, como acompañamiento,
pele 750 g de ñame o patatas, córtelos en trozos y cuézalos
en una cacerola con agua hirviendo durante 20 minutos hasta
que estén tiernos. Escúrralos y aplástelos con 3 cucharadas
de leche y los condimentos. Forme albóndigas y sírvalas
por separado para mojar en la sopa caliente.

pollo *mulligatawny*

6 raciones
tiempo de preparación
15 minutos
tiempo de cocción
1 hora y 15 minutos

1 cucharada de **aceite
de girasol**
1 **cebolla**, picada fina
1 **zanahoria**, en dados
1 **manzana**, pelada,
sin el corazón y en dados
2 **dientes de ajo**, picados finos
250 g de **tomates**, pelados,
si lo desea, y troceados
4 cucharaditas de **pasta
de curry**
50 g de **pasas**
125 g de **lentejas rojas**
1,5 l de **caldo de pollo**
(*véase* pág. 10)
125 g de restos de **pollo cocido**,
desmenuzado
sal y pimienta
ramitas de **cilantro**, para decorar

Caliente el aceite en una cacerola; agregue la cebolla y la zanahoria y sofríalas durante 5 minutos hasta que estén tiernas y simplemente doradas por los bordes. Agregue la manzana, el ajo, los tomates y la pasta de curry y cueza durante 2 minutos.

Agregue al caldo las pasas y las lentejas. Condimente con sal y pimienta y lleve a ebullición. Tape y cueza a fuego lento durante 1 hora hasta que las lentejas estén blandas. Triture la sopa para obtener un puré espeso. Agregue el pollo cocido, caliente bien y rectifique la condimentación, si es necesario. Sírvala en tazones y adorne con ramitas de cilantro. Acompañe con pan *naan* caliente o *poppadums*.

Para preparar *mulligatawny* de zanahoria cítrica, sofría en 2 cucharadas de aceite de girasol la cebolla y 500 g de zanahorias troceadas durante 5 minutos. Omita los 5 ingredientes siguientes y, a continuación, agregue las lentejas rojas, la ralladura y el zumo de naranja, ½ limón y 1,5 l de caldo de verduras (*véase* pág. 13). Lleve a ebullición, tape y cueza a fuego lento durante 1 hora. Caliente y rectifique la condimentación, si es necesario. Sirva con picatostes (*véase* pág. 15)

london particular

6 raciones

tiempo de preparación
25 minutos, más tiempo
de remojo

tiempo de cocción **1 hora
y 20 minutos**

300 g de **guisantes verdes
secos**, remojados una noche
en agua fría
25 g de **mantequilla**
4 lonchas de **panceta ahumada**,
en dados
1 **cebolla**, picada gruesa
1 **zanahoria**, en dados
2 tallos de **apio**, en dados
1,5 l de **caldo de jamón**
o **de pollo** (*véase* pág. 10)
sal y pimienta

para **decorar**
1 puñado de **perejil**, picado
4 lonchas de **panceta ahumada**,
tostada y troceada

Escurra los guisantes en un colador. Caliente la mantequilla
en una cacerola grande; agregue la panceta y la cebolla
y sofríalos durante 5 minutos hasta que se ablanden. Agregue
la zanahoria, el apio y sofría 5 minutos más; remueva hasta
que quede dorado.

Añada los guisantes y el caldo y lleve a ebullición, removiendo.
Hierva rápidamente durante 10 minutos; luego, reduzca
el fuego, tape y cueza a fuego lento durante 1 hora o hasta
que los guisantes estén tiernos.

Deje que la sopa se enfríe un poco; luego, pase la mitad
de la misma por la batidora o robot hasta que quede lisa.
Vuelva a incorporarla a la cacerola y caliéntela. Añada sal
y pimienta a su gusto.

Sirva la sopa en tazones, espolvoree con el perejil y esparza
la panceta por encima.

Para preparar caldo de guisantes variados, remoje 300 g
de mezcla de guisantes amarillos, verdes, cebada perlada
y lentejas rojas en agua fría toda la noche. Prepare la sopa
como se indica en la receta, añadiendo esta mezcla en vez
de los guisantes verdes. Sirva cubierto con 4 rebanadas de
pan tostado untadas con 25 g de mantequilla mezclada con
2 cucharaditas de salsa de anchoas o 3 anchoas en conserva
finamente picadas.

sopa de pan y tomate

4 raciones
tiempo de preparación
10 minutos
tiempo de cocción **35 minutos**

1 kg de **tomates en rama** muy
  maduros, pelados, sin semillas
  y picados
300 ml de **caldo de verduras**
  (*véase* pág. 13)
6 cucharadas de **aceite virgen
  extra**
2 **dientes de ajo**, picados
1 cucharadita de **azúcar**
2 cucharadas de **albahaca**,
  picada
100 g de **pan chapata**
1 cucharada de **vinagre
  balsámico**
sal y pimienta
hojas de **albahaca**, para decorar

Coloque los tomates en una cacerola con el caldo, 2 cucharadas de aceite, el ajo, el azúcar, la albahaca y lleve a ebullición poco a poco. Tape y cueza a fuego lento durante 30 minutos.

Desmenuce el pan en la sopa, añada el vinagre, el aceite restante y condimente con sal y pimienta. Sírvala inmediatamente o déjela enfriar a temperatura ambiente, si lo prefiere. Decore con hojas de albahaca.

Para preparar sopa de tomate y pan con pimientos asados, corte por la mitad un pimiento rojo y uno naranja, quíteles la semillas; a continuación, póngalos en la placa del grill con la parte cortada hacia abajo. Úntelos con 1 cucharada de aceite de oliva; déjelos asar bajo el grill 10 minutos o hasta que la piel se haya chamuscado. Envuélvalos en papel de aluminio y déjelos enfriar. Pélelos y córtelos en tiras. Añádalos a una cacerola con 1,5 kg de tomates sin semillas y pelados, el caldo, el aceite, el azúcar, el ajo y la albahaca como se indica en la receta. Lleve a ebullición y siga las indicaciones anteriores.

sopa de pimiento caribeña

6 raciones

tiempo de preparación
20 minutos

tiempo de cocción
unos 50 minutos

2 cucharadas de **aceite de oliva**
1 **cebolla**, picada fina
2 **guindillas rojas tailandesas**, sin semillas y picadas finas
2 **pimientos rojos**, sin corazón ni semillas
2 **dientes de ajo**, picados finos
1 **zanahoria** grande, en dados
200 g de **patatas**, troceadas
1 hoja de **laurel**
1 hoja de **hinojo**
400 ml de **leche de coco**
600 ml de **caldo de ternera** (*véase* pág. 12)
sal y pimienta de Cayena

para **decorar**
200 g de **carne de cadera**
2 cucharaditas de **aceite de oliva**

Caliente el aceite en una cacerola; agregue la cebolla y sofríala 5 minutos hasta que se ablande y empiece a dorarse. Agregue la guindilla, el pimiento rojo, el ajo, la zanahoria, la patata y las hierbas y sofría todo durante 5 minutos, removiéndolo.

Vierta la leche de coco y el caldo y condimente con sal y pimienta de Cayena. Lleve a ebullición, removiendo; tape y cueza a fuego lento durante 30 minutos o hasta que las verduras estén tiernas. Deseche las hierbas; a continuación, rectifique la condimentación, si fuese necesario.

Frote la carne con el aceite, la sal y la pimienta de Cayena. Ásela a la plancha o en la sartén durante 5 minutos y luego córtela en lonchas finas. Sirva la sopa en tazones, adorne con la carne y acompañe con pan crujiente.

Para preparar sopa de gambas y espinacas, elabore la sopa como se indica en la receta, utilizando 600 ml de caldo de pescado (*véanse* págs. 12-13) en lugar del de ternera. Caliéntela al menos unos 30 minutos, añada 200 g de gambas peladas, previamente descongeladas y 125 g de espinacas. Cueza unos 3 o 4 minutos hasta que las gambas adquieran un color rosado y las espinacas estén tiernas.

sopa francesa de cebolla

4 raciones
tiempo de preparación
  15 minutos
tiempo de cocción **1 hora**

25 g de **mantequilla**
2 cucharadas de **aceite de oliva**
500 g de **cebollas** grandes,
  partidas por la mitad
  y troceadas
1 cucharada de **azúcar
  blanquilla**
3 cucharadas de **brandy**
150 ml de **vino tinto**
1 l de **caldo de ternera**
  (*véanse* págs. 11-12)
1 hoja de **laurel**
sal y pimienta

tostadas de **queso**
4-8 rebanadas de **pan francés**
1 **diente de ajo** por la mitad
40 g de **queso gruyer**, rallado

Caliente la mantequilla y el aceite en una cacerola; añada las cebollas y sofríalas durante 20 minutos, removiendo de vez en cuando hasta que queden tiernas y empiecen a dorarse.

Ponga el azúcar y sofría las cebollas 20 minutos más, removiendo constantemente hasta que las cebollas estén caramelizadas. Agregue el brandy y, cuando flamee, apártese rápidamente.

Añada, tan pronto desaparezca la llama, el vino, el caldo, la hoja de laurel, sal y pimienta y lleve a ebullición. Tape y cueza durante 20 minutos. Rectifique la condimentación, si es necesario.

Tueste el pan por ambos lados; luego frote la superficie con ajo. Espolvoree con el queso y tueste bajo el grill hasta que empiece a burbujear. Sirva en tazones y cubra con las tostadas de queso.

Para preparar sopa de manzana y cebolla, sofría las cebollas como se indica en la receta; agregue una manzana pequeña pelada rallada y sin semillas y cueza con el azúcar. Cuando la cebolla esté caramelizada, vierta 3 cucharadas de brandy o calvados, 150 ml de sidra natural, 1 l de caldo de pollo y 2 ramitas de tomillo fresco. Cueza a fuego lento durante 20 minutos. Sirva con tostadas de ajo cubiertas con camembert en rodajas y espolvoree con un poco más de tomillo.

borsch ruso

6 raciones
tiempo de preparación
15 minutos
tiempo de cocción **55 minutos**

25 g de **mantequilla**
1 cucharada de **aceite
de girasol**
1 **cebolla**, picada fina
375 g de **remolacha** cruda,
recortada, pelada y en dados
2 **zanahorias**, troceadas
2 tallos de **apio**, picados
150 g de **col lombarda**,
sin el corazón y picada
300 g de **patatas**, troceadas
2 **dientes de ajo**, finamente
picados
1,5 l de **caldo de ternera**
(*véanse* págs. 11-12)
1 cucharada de **tomate
concentrado**
6 cucharadas de **vinagre
de vino tinto**
1 cucharada de **azúcar moreno**
2 hojas de **laurel**
sal y pimienta
200 ml de **crema agria**
manojo pequeño de **eneldo**

Caliente la mantequilla y el aceite en una cacerola; añada
la cebolla y sofríala 5 minutos hasta que se ablande. Agregue la
remolacha, la zanahoria, el apio, la col lombarda, el ajo y sofríalo
todo 5 minutos, removiéndolo frecuentemente.

Agregue el caldo, el tomate concentrado, el vinagre y
el azúcar. Añada las hojas de laurel, condimente con sal
y pimienta. Lleve a ebullición, tape y cueza a fuego lento
durante 45 minutos hasta que las hortalizas estén tiernas.
Deseche las hojas de laurel; a continuación, rectifique
la condimentación, si es necesario.

Sirva en tazones; cubra con unas cucharadas de crema
agria, las hojas de eneldo picado y la pimienta negra. Sirva
con pan de centeno.

Para preparar *borsch* vegetariano con albóndigas,
remoje 40 g de setas secas en agua hirviendo 15 minutos.
Prepare la sopa como se indica en la receta, sustituyendo
el caldo de ternera por un caldo de verduras (*véase* pág. 13),
añada las setas remojadas con su agua. Para las albóndigas,
mezcle 125 g de semillas de comino, sal y pimienta, 2 huevos
batidos y el agua suficiente para mezclar la masa. Dele la
forma de una salchicha, pellizque trozos y añádalos a la sopa;
caliéntela a fuego lento durante 10 minutos hasta que queden
esponjosas. Omita la crema y el eneldo.

sopa aromática de fideos y tofu

2 raciones
tiempo de preparación
15 minutos más **10 minutos**
para escurrir
tiempo de cocción **10 minutos**

125 g de **tofu** firme, en dados
1 cucharada de **aceite**
de sésamo
75 g de **fideos de arroz secos**
600 ml de **caldo de verduras**
(*véase* pág. 13)
2,5 cm de **jengibre**, fresco,
pelado y en rodajas gruesas
1 **diente de ajo**, picado
3 hojas secas de **lima *kaffir***,
cortadas por la mitad
2 tallos de **hierba limonera**
cortados por la mitad
y ligeramente aplastados
un puñado de **espinacas**
u hojas de *pak choi*
50 g de **brotes de soja**
1-2 **pimientos rojos**,
sin semillas y troceados
2 cucharadas de hojas
de **cilantro**
1 cucharada de **salsa**
de pescado tailandesa
rodajas de **limón**, para servir

Coloque el tofu en un plato forrado con papel de cocina y deje reposar durante 10 minutos para que se seque.

Caliente el aceite en un wok y fría el tofu durante 2 o 3 minutos hasta que se dore, removiéndolo frecuentemente.

Mientras, sumerja los fideos durante 2 minutos en agua hirviendo y escúrralos.

Vierta el caldo en una cacerola grande. Agregue el jengibre, el ajo, las hojas de lima, la hierba limonera y lleve a ebullición. Baje el fuego, añada el tofu, los fideos, las espinacas o el *pak choi*, los brotes de soja y las guindillas, y caliente. Añada el cilantro y la salsa de pescado; a continuación, reparta en platos hondos. Acompañe con rodajas de limón y salsa de guindilla.

Para preparar sopa de tofu y salsa *satay*, fría el tofu como se indica en la receta. Añada el jengibre y el ajo al caldo, prescindiendo de las hojas de lima y la hierba limonera. Agregue 2 cucharadas de mantequilla de cacahuete crujiente y 1 cucharada de salsa de soja. Cueza a fuego lento durante 3 minutos, luego agregue el tofu, los fideos, las espinacas o el *pak choi*, los brotes de soja y las guindillas. Acompañe con cilantro y trozos de lima.

sopa de pollo y maíz

4-6 raciones
tiempo de preparación
15 minutos
tiempo de cocción
unos 30 minutos

25 g de **mantequilla**
  o **margarina**
1 **cebolla** grande, picada
1 **pimiento rojo** pequeño,
  sin corazón ni semillas
  y troceado
625 g **patatas**, en dados
25 g de **harina**
750 ml de **caldo de pollo**
  (*véase* pág. 10)
175 g de **maíz dulce**,
  en conserva o congelado
250 g de **pollo cocido**, picado
450 ml de **leche**
3 cucharadas de **perejil**, picado
sal y pimienta
algunas **guindillas rojas**,
  en rodajas, para decorar

Derrita la mantequilla o la margarina en una cacerola grande. Añada la cebolla, el pimiento rojo, las patatas y fría a fuego moderado durante 5 minutos; remueva de vez en cuando.

Espolvoree con la harina y cueza a fuego lento durante 1 minuto. Agregue poco a poco el caldo y lleve a ebullición, removiendo. Baje el fuego, tape y cueza durante 10 minutos.

Agregue el maíz, el pollo y la leche. Condimente al gusto con sal y pimienta; tape la cacerola y cueza a fuego lento 10 minutos hasta que las patatas estén tiernas. Pruebe y ajuste el condimento con las guindillas en rodajas y el perejil.

Para preparar sopa de jamón y maíz, sofría la cebolla, el pimiento rojo, la patata y la mantequilla como se ha indicado en la receta. Añada la harina, remueva el caldo y cueza a fuego lento durante 10 minutos. Mientras, ase a la parrilla, o bajo el grill, 250 g de jamón ahumado durante 10 minutos, dele la vuelta una vez y deseche la grasa. Mezcle la sopa con el maíz, la leche y el perejil y acabe como se indica en la receta.

sopa de pescado vasca

6 raciones

tiempo de preparación
20 minutos

tiempo de cocción **45 minutos**

2 cucharadas de **aceite de oliva**
1 **cebolla**, picada fina
½ **pimiento verde**, sin corazón
ni semillas, troceado
½ **pimiento rojo**, sin corazón
ni semillas, troceado
1 **calabacín**, troceado
2 **dientes de ajo**, picados finos
250 g de **patatas**, troceadas
½ cucharadita de **pimentón
ahumado**
150 ml de **vino tinto**
1 l de **caldo de pescado**
(*véanse* págs. 12-13)
400 g de **tomates de lata**,
picados
1 cucharada de **tomate
concentrado**
2 **caballas** enteras y limpias
sal y pimienta de Cayena

Caliente el aceite en una cacerola grande; agregue la cebolla y sofríala 5 minutos hasta que se ablande. Añada los pimientos, el calabacín, el ajo y las patatas y fría durante 5 minutos, removiendo. Mezcle con el pimentón y deje cocer 1 minuto.

Vierta el vino tinto, el caldo de pescado, el tomate, el tomate concentrado, la sal y la pimienta de Cayena. Lleve a ebullición, removiendo; a continuación, añada la caballa entera. Tape y cueza a fuego lento durante 20 minutos hasta que el pescado se separe fácilmente al presionar con un cuchillo.

Retire el pescado con una espumadera y póngalo en un plato. Cueza la sopa a fuego lento otros 15 minutos. Pele los pescados; luego, separe la carne retirando la espina dorsal. Parta en trozos comprobando que no quede ninguna espina.

Devuelva los trozos de caballa a la cacerola. Vuelva a calentar y reparta en platos hondos. Sirva con rodajas de limón y pan crujiente.

Para preparar sopa de pescado portuguesa, prepare la sopa como se indica en la receta, prescindiendo del pimentón ahumado y agregue 2 hojas de laurel. Cueza a fuego lento 20 minutos sin el pescado; a continuación, añada 500 g de una mezcla de filetes de atún, bacalao o merluza y 250 g de mejillones desbarbados en lugar de la caballa. Cueza al menos 10 minutos o hasta que los mejillones se abran; a continuación, saque los mejillones y los filetes de pescado. Desmenuce el pescado, desechando la piel, retire las valvas de los mejillones y deseche aquellos que estén cerrados. Devuelva el pescado y los mejillones a la cacerola y sirva espolvoreando con cilantro picado.

índice

237

239

agradecimientos

Editor ejecutivo: Nicky Hill
Editor: Kerenza Swift
Editor artístico ejecutivo: Mark Stevens
Diseñador: Peter Gerrish
Fotografía: William Shaw
Economista: Sara Lewis
Estilista de accesorios: Liz Hippisley

Fotografía especial: © Octopus Publishing Group
Limited/William Shaw.

Otras fotografías: © Octopus Publishing Group Limited/
Diana Miller 67, 117; Gareth Sambridge 167, 177; Ian Wallace
139; Lis Parsons 179; Sandra Lane 175, 185; Sean Myers 33;
Simon Smith 25, 29, 47, 87, 105, 181, 207; Stephen Conroy
16, 79, 101, 121, 193, 199; William Lingwood 39, 51,
191, 213, 231; William Reavell 21, 45, 95, 171, 187, 189, 233.